국립국어원 〈한국어 교육 실습 교과목 운영 지침〉에 맞춘

한국어 교육 실습
준비·관찰·실제

국립국어원 〈한국어 교육 실습 교과목 운영 지침〉에 맞춘

한국어 교육 실습
준비·관찰·실제

초판 1쇄 발행 2019년 8월 30일

지은이 서희정, 이미향, 박진욱

펴낸이 박민우
기획팀 송인성, 김선명, 박종인
편집팀 박우진, 김영주, 김정아, 최미라, 전혜련
관리팀 임선희, 정철호, 김성언, 권주련
펴낸곳 (주)도서출판 하우
주소 서울시 중랑구 망우로68길 48
전화 (02)922-7090
팩스 (02)922-7092
홈페이지 http://www.hawoo.co.kr
e-mail hawoo@hawoo.co.kr
등록번호 제475호

값 9,000원
ISBN 979-11-90154-33-8 93710

* 이 책의 저자와 (주)도서출판 하우는 모든 자료의 출처 및 저작권을 확인하고 정상적인 절차를 밟아 사용하였습니다. 일부 누락된 부분이 있을 경우에는 이후 확인 과정을 거쳐 반영하겠습니다.

* 이 책은 저작권법에 따라 보호받는 저작물이므로 무단 전재와 무단 복제를 금지하며, 이 책 내용의 전부 또는 일부를 이용하려면 반드시 저작권자와 (주)도서출판 하우의 서면 동의를 받아야 합니다.

머리말

우리 저자들은 십수 년 전 한국어 교실에서 외국인들을 처음 마주하였을 때의 설렘과 긴장을 지금도 간직하고 있다. 그리고 대학 강단에서 예비 한국어 교사들을 양성하면서부터 한국어 교실에서의 우리의 모습을 조금은 먼발치에서 바라보게 되었다.

학생들의 호기심 어린 눈동자를 바라보며 조금은 상기된 표현으로 학생들의 질문에 멋들어지게 설명을 하던 때, 학생들의 역할극을 관찰하면서 잘한 부분과 잘못한 부분에 대해 예리하게 지적하던 때, 학생들과 이어말하기 게임을 하면서 이야기를 반전시켜 학생들의 환호를 받던 때. 이렇게 신나서 수업하던 때만 있었다면 한국어 수업은 큰 문제가 없을 것이다. 밤을 새며 수업 준비를 해서 교실에 들어갔으나 학생들이 설명을 이해하지 못했을 때의 좌절감, 학생의 예상하지 못한 질문에 감탄하면서도 올바른 답안이 미처 머리에 떠오르지 않았을 때의 당혹감은 머리를 하얗게 만들기도 하였다.

가르치는 일이 곧 배우는 일이기에 한국어 교실에서의 크고 작은 시행착오는 우리 저자들이 외국인에게 한국어를 가르치고 한국어 교사를 양성하며 한국어 교육 전공자로 살아가는 데 자양분이 되어 왔다. 우리는 예비 또는 초보 한국어 교사가 한국어 교실에서 겪을 시행착오를 잘 알고 있기에 다양한 시행착오를 예상하며 책을 구상하였다. 따라서 이 책은 한국어 교사로 첫발을 내딛는 데 두려움은 반감시키고 기대는 증폭시키는 데 좋은 안내서가 될 것으로 기대한다.

2019년 8월
저자 일동

일러두기

이 책은 국립국어원의 '한국어교원 자격제도 길잡이'에서 제시하고 있는 〈한국어 교육 실습 교과목 운영 지침〉에 맞춰 수업을 운영할 수 있도록 제작되었다.

〈한국어 교육 실습 교과목 운영 지침〉의 주요 내용을 간략히 정리하면 다음과 같다.

> 1항 한국어 교육 실습 교과목은 이론 수업, 강의 참관, 모의 수업, 강의 실습으로 운영된다.
>
> 2항 이론 수업은 전체 실습 교과목 운영 시간의 5분의 1 이하로 운영되어야 한다.
>
> 3항 이론 수업의 내용은 한국어 교육 실습의 의의 및 목표, 한국어 교사로서의 자질과 역할, 교수 설계 및 한국어 수업 교실 운영, 강의 참관 및 강의 실습에 대한 사전 준비 안내, 사후 평가 보고 등을 주 내용으로 포함하도록 한다.
>
> 4항 실제 한국어 교육 현장 경험인 강의 실습이나 현장 강의 참관은 필수로 운영되어야 하며 전체 실습 교과목 운영 시간 중, 5분의 1이상 구성되어야 한다.
>
> 5항 모의 수업은 담당 교수의 지도하에 오프라인으로 실시함을 원칙으로 하며 반드시 담당 교수의 지도와 평가가 있어야 한다.

이 책은 위 〈한국어 교육 실습 교과목 운영 지침〉에 충실하고자 1부 한국어 수업 준비하기, 2부 한국어 교실 살펴보기, 3부 한국어 수업 해 보기 등 세 부분으로 구성된다. '운영 지침' 1항에 맞춰, 1부 한국어 수업 준비하기는 이론 수업에 해당되며, 2부 한국어 교실 살펴보기는 강의 참관, 3부 한국어 수업 해 보기는 모의 수업 및 강의 실습에 해당된다.

1부는 '운영 지침' 2항에 맞춰 실습 교과목 운영 시간의 5분의 1 이하로 운영되도록 구성된다. 즉, 학부 및 대학원에서 운영할 경우 전체 15주 수업의 3주 수업에 해당되는 분량이다. 또한, '운영 지침' 3항에서 제시한 이론 수업의 내용에 따라 1부는 1장 한국어 교육 실습의 의의와 목표, 2장 한국어 교사의 자질과 역할, 3장 한국어 수업 설계와 모형 등 세 장으로 구성된다.

'운영 지침' 4항에 따라 강의 참관에 해당되는 2부, 모의 수업이나 강의 실습에 해당되는 3부는 실습 교과목 운영 시간의 5분의 1 이상 운영될 수 있도록 과제 중심으로 구성된다. 수강생 중심의 다양한 과제 활동은 한국어 교육 현장을 직간접적으로 체험하는 기회를 수강생에게 폭넓게 제공하게 된다.

2부는 한국어 강의 참관을 위해 반드시 알아야 할 내용으로 한국어 수업의 발화, 한국어 교실 관찰로 이루어져 있다. 한국어 수업을 올바로 관찰하기 위해서는 한국어 교사가 수업을 운영하는 데 핵심이 되는 교사의 발화에 대해 잘 알아야 한다.

3부는 모의 수업 및 강의 실습에 필요한 내용으로 교수-학습 지도안 작성, 모의 수업과 평가로 이루어져 있다. 특히, '운영 지침' 5항에 맞춰 실제 지도안 작성에 대한 지도와 모의 수업에 대한 평가가 가능하도록 구성된다.

이 책은 무엇보다 다양한 과제를 풍부하게 다루고 있다는 점을 특장점이라 할 수 있다. 한국어 교육 실습 교과목은 학부, 대학원, 학점은행제, 한국어교원양성과정 등에서 개설되며, 과정마다 교과목 운영 시간이 다르다. 따라서 수강생 중심의 과제를 선택적으로 활용한다면 다양한 과정에서 한국어 교육 실습 교과목을 탄력적으로 운영할 수 있다.

목차

머리말 ··· 4

일러두기 ·· 5

제Ⅰ부 한국어 수업 준비하기
1장 한국어 교육 실습의 의의와 목표 ················ 10
2장 한국어 교사의 자질과 역할 ·························· 28
3장 한국어 수업 설계와 모형 ····························· 42

제Ⅱ부 한국어 교실 살펴보기
1장 한국어 수업의 발화 ······································ 58
2장 한국어 교실 관찰 ·· 78

제Ⅲ부 한국어 수업 해 보기
1장 교수-학습 지도안 작성 ································ 90
2장 모의 수업과 평가 ·· 116

부록
1. 한국어 교육 실습 교과목 관련 각종 서식 ········ 122
2. 한국어 교원 관련 누리집 ··································· 134

제Ⅰ부 한국어 수업 준비하기

1장 한국어 교육 실습의 의의와 목표

2장 한국어 교사의 자질과 역할

3장 한국어 수업 설계와 모형

1장 한국어 교육 실습의 의의와 목표

1 교육 실습을 이해하기 위한 두 가지

 생각 열기

❖ 다음 〈A〉에서 '알고 있는 것'과 '할 수 있는 것'을 구별할 수 있는가? 무엇을 알고 있고, 무엇을 할 수 있는지 가려, 〈A〉와 〈B〉를 연결해 보라.

· 잘 아는 일이지만, 잘 할 수 없는 일이 있다. 왜 그런가?

무엇에 대해 잘 알아도, 그것을 잘 수행하지 못하는 경우가 많다. 현장을 알고 경험이 필요한 일, 시간을 들여 연습해야 하는 일, 기술이 있어야 하는 일 등이 이에 해당한다. 간혹 어쩔 수 없는 상황에서 경험이 부족하고 미숙한 채로 그 일을 수행할 할 때도 있다. 우리는 이것을 실험이라고 한다.

교육이란 사람을 대상으로 목적에 따라 수행하는 가치 있는 행위이다. 사람을 앞에 두고 하는 교육 행위가 실험이 되어서는 안 될 것이다. 학습자에게 해 줄 수 있는 어떤 보상도 없기 때문이다. 예비 교사는 인간을 대상으로 목적이 있는 행위를 해야 하지만, 아직 그 일을 잘할 수 없는 상태에 놓여 있다. 이것이 곧 예비 교사가 교육 실습에 충실히 임해야 하는 까닭이다.

1) 왜 한국어 교육 실습을 하는가

한국어 교사는 한국어 교육 능력을 갖춘 전문가이다. 교육 현장에서 제 몫을 다하기 위해 한국어 교사는 기본적으로 한국어 교수 능력, 교실 운영 능력을 갖춰야 한다. 또한 학사 관리를 위해 교육 행정을 수행할 능력도 요구된다.

이러한 능력을 키우기 위해, 공인된 자격을 갖추는 교육과정에는 다양한 영역이 마련되어 있다. 우선 언어 보편성에 따른 일반 언어학적 지식과 한국어의 특수성을 배우는 과정이 있다. 또한 한국어 소리, 문법, 어휘, 문화 등의 내용을 바탕으로 하여, 이를 외국인 한국어 학습자가 듣기·말하기·읽기·쓰기로 수행하도록 하는 다양한 교육 방안을 접하게 한다. 그리고 한국 문화에 관한 전문 지식을 포함한다.

그러나 가르칠 것에 대해 아는 것과, 가르칠 방법에 대해 아는 것이 곧 가르치는 것에 직결되는 것은 아니다. 가르치는 능력은 교육 현장에서 확인되는 기술로, 기술은 충분한 연습을 통해 자기화함으로써 적절한 상황에서 발휘되는 실력이기 때문이다. 한국어 교육 현장은 이론이 아니라 실제이다. 한국어 교육 실습이 예비 교사에게 필수 교과목인 이유가 바로 여기에 있다.

한국어 교육 실습은 한국어 교육을 실제로 하거나 실제 한국어 교육 현장을 참관하는 등으로 이루어지는 교과목이다. 교과목의 성격이 말해 주는 바와 같이, 이 과목의 목표는 예비 교사가 실제로 가르칠 수 있는 능력을 갖추는 것이다. 한국어 교육 실습 수강생은 이전 과정에서 습득한 다양한 교과 지식을 실제 교육 현장에 적용 가능하도록 연습할 것이다.

> **과제 1**
>
> ❖ 외국어를 배운 경험이 있는가? 그 경험을 떠올리며, 외국어 교수 내용과 방법에 대해 이야기해 보자.
>
> ❶ '나의 외국어 선생님'은 그때 주로 무엇을 중심으로 가르쳤나?
>
> ❷ '외국어 학습자인 나'에게 그것을 어떻게 가르쳐 주었나?
>
> ❸ 그때 외국어 교사가 가르친 내용과 방법에 대해, 지금 어떻게 생각하는가?

　선장이 배를 지휘하여 바다를 건너갈 때, 무엇을 알아야 할까? 우선 선장은 지금 탄 배가 도착할 곳을 정확히 알고 있어야 한다. 그리고 바닷길을 알아야 하고, 항해하는 데 변수가 되는 날씨, 조류의 특성을 알아야 한다. 아는 것만이 전부가 아니다. 선장은 배를 운행할 수 있어야 하고, 승선한 사람들이 이상 징후가 있다면 문제를 해결할 수 있어야 한다. 무탈하게 육지에 도착하고 싶은 승객들은 이런 능력을 갖춘 선장을 만나고 싶어한다. 전문가가 아닌 선장에게 목숨을 걸고 승선할 사람이 있을까?

　한국어 교사는 항해 중인 선장과 같다. 한국어 교실에서 교사는 그날 진행할 한국어 수업의 목표를 정확히 알아야 한다. 그날 그 시간에 이루어질 한국어 수업에는 특정한 교육 목표가 있다. 목표는 학습자와 교육 환경에 따라 다양하게 설계될 수 있다. 그러므로 유능한 교사는 교육과정에 적절한 목표를 정하고, 목표에 맞는 교육 내용과 가르칠 방법을 마련한다.

　목표 달성에 모자라지도 지나치지도 않을 만큼의 내용을 시간에 맞게 정하는 것은 매우 중요하다. 시간에 모자라는 내용을 준비했다면 학습자에게 불

성실한 교사로 여겨질 수 있고, 정해진 시간에 지나친 내용을 준비했다면 학습자에게 부담을 주어 그들의 동기를 꺾을 수 있다. 목표가 있으나 변인과 상황에 따라 조율하여야 하고, 궁극적으로 목적지에 도달하게 해야 한다는 측면에서 한국어 교사의 역할은 선장에 비유된다.

그러므로 한국어 교사는 교실 수업의 목표, 내용, 방법에 대한 적합성을 판단하고, 학습자와 교육 환경에 따라 적절한 방법을 마련하는 실질적인 능력을 갖추어야 한다. 무엇에 대해 아는 것과 무엇을 할 수 있는 것은 다르다. 수영, 운전, 요리, 노래 실력 등 수행을 목표로 하는 것은 실제 환경에서 훈련한다. 이와 마찬가지로, 한국어 교육 실습은 수업의 목표를 정하고 내용과 방법을 마련하는 전 과정을 수강생으로서 체험하게 한다. 이로써 문제 상황을 극복하는 간접경험을 하는 것이다.

이런 이유로, 한국어 교육 실습은 한국어 교육 현장에서 한국어를 가르치면서 경험하게 될 모든 과정을 교과 내용으로 삼는다. 여기에는 다음과 같은 내용이 모두 포함된다. 첫째, 한국어 교육에 기본이 되는 교육 이론과 원리에 관한 것이다. 한국어 수업의 목표, 한국어교사로서의 자질과 역할, 수업 설계 및 교실 운영에 대한 이론적 사실이 해당한다. 둘째, 한국어 수업을 설계하고 실제로 수행하는 데 필요한 모든 것이다. 그 내용으로 교수 학습 설계와 적용, 교사의 발화, 교실 운영에 대한 실제 경험, 강의 참관 및 강의 실습에 대한 사전지식과 실전 경험이 있다.

과제 2

❖ 〈한국어 교육 실습〉 과정을 통해 예비 교사가 배워가야 할 것이 무엇이라고 생각하는가? 두 가지만 말해 보라.

[예시] 학습자 변인, 숙제 확인법 등

2) 한국어 교실은 무엇이 다른가

교실에서 교사의 역할은 연극 무대에 선 배우와 같다. 교실과 연극 무대는 제한된 시간 안에 정해진 목적을 위한 특별한 행위가 이루어지는 공통점이 있기 때문이다. 교사는 마치 연극 대본과 같은 교수-학습 지도안을 작성하여 학습자 반응을 이끌어 내고, 학습자는 마치 몰입하는 관중처럼 자신의 언어 수업에 주도적으로 참여한다. 이처럼 이상적인 교실 풍경은 완벽한 연극 활동에 맞먹는 것이다. 그러나 모든 연극에서 배우와 관객의 역할이 이상적으로 수행되지 않는 것처럼, 한국어 교실에서도 교사와 학습자의 역할 수행이 쉽게 수행되지는 않는다.

한국어 교실은 외국어를 배우는 교실이다. 한국어 교실에는 모어(L1)와 목표 언어(L2)가 다른 사람들이 모여 있다. 학습자와 교사의 언어가 다르기도 하고, 학습자 간 언어가 다르기도 하다. 국외 한국어 교실은 학습자의 모어(L1)가 동일할 가능성이 높으나, 국내 한국어 교실은 다양한 언어권에서 온 학습자가 수준에 따라 한 교실에 모여 있는 모습을 쉽게 볼 수 있다. 수준별로 모인 학습자는 언어뿐만 아니라 나이, 배경, 목표 언어에 대한 거리감 등 여러 부분에서 다양할 수밖에 없다. 성장 과정에서 학습한 경험이 달라, 심지어 공부 방법이나 교사를 대하는 태도까지 백인백색(百人百色)의 양상이다.

이와 같이 다양한 학습자를 대상으로 언어 수업을 진행하기 위해, 교사는 학습자 변인을 고려하여 수업 목표, 수업 내용, 수업 방법, 학습 활동 등을 정한다. 수업은 달성 가능한 구체적 목표에 따라, 타당성과 유용성 및 가능성을 고려한 내용과 방법으로, 전후 시간과 연계되어 설계될 때 진행할 수 있는 작업이다. 이상적인 교실을 꿈꾸는 교사가 그러한 교실을 만들기 위해서는 알아야 할 것, 수행할 수 있는 것이 많다. 한국어 교실을 이끌어 가기 위해 다음 두 가지 특징에 주목해 보자.

> ⊙ **한국어 수업의 특징**
> **수업 진행 방식**: 의사소통과 상호작용
> **목표 도달의 과정**: 언어 사용을 통한 습득

① 의사소통으로 이루어지는 수업 진행

한국어 수업은 언어활동의 연속이다. 언어 교실에서는 교사와 학습자의 언어 교환이 끊임없이 일어난다. 그 과정에서 학습자는 교사의 언어를 모방하고 숙지해 간다. 문제는 언어를 가르치는 과정이 언어로 진행된다는 데 있다. 언어를 사용하기 위해 그 언어로 연습하는 것은 당연한 논리이다. 그러나 모르는 언어를 배우면서 그 언어를 써야 하므로 언어 학습이 쉬울 리가 없다. 한국어를 모르는 학습자에게 한국어를 이용하여 한국어를 가르칠 때는 더욱 그러하다.

의사소통을 위한 언어 학습은 언어 지식을 포함한 언어 사용 기술을 체득하는 것이다. 실제로 수영은 물속에서, 요리는 부엌에서 각각의 환경을 경험하면서 배울 수 있는 것이다. 언어 수업도 수영이나 요리 교실과 비슷할 수 있다. 그러나 불행히도 언어 수업은 수영이나 요리와 달리, 보여줄 수 있는 데 한계가 있는 것이다.

이러한 특수성을 인지한다면, 언어 수업의 한계점을 극복하는 주요 수단은 곧 교사의 소통력이다. 언어 수업에서 소통력은 언어 교수의 도구이고 장비이다. 교사는 가르칠 내용을 언어를 사용하여 학습자에게 이해시킬 뿐만 아니라, 목표 언어로써 듣기, 말하기, 읽기, 쓰기 등의 연습을 진행한다. 이때 동원되는 언어는 최소한 다섯 가지 이상이 될 수 있다. 학습자의 모어, 학습 목표 언어, 소통을 위한 제3의 매개언어, 중간언어, 비언어(몸짓언어) 등이다. 숙련된 교사는 교수 내용을 이해시키고 학생을 언어 사용 연습에 참여하도록 이러한 언어를 모두 동원한다. 곧 한국어 교사의 소통력이 바로 수업 진행력이 되는 것이다.

의사소통은 전달과 다르다. 의사소통은 발신자가 메시지를 의도대로 표현하고, 수신자가 메시지를 잘 해석하여 발신자에게 응답하면서 완성되는 과정이다. 소통은 전달의 결과가 아니라 표현과 이해를 하는 과정 그 자체이며, 이것은 상호작용으로 가능하게 된다. 이에 의사소통은 '발신자와 수신자가 메시지를 전달하는 과정'으로 정의된다.

한국어 교사는 교실에서 주로 다음 두 가지를 한다. 첫째, 교수 내용에 대한 학습자의 반응을 이끌어 낸다. 둘째, 목표 언어의 사용 예를 보여주고 학습자를 연습에 참여시킨다. 교사와 학습자는 모두 의사소통의 참여자로서 교실에 함께 있다. 소통을 이끌어 가는 교사는 학습자가 습득해야 할 목표 언어와, 수업을 진행하는 도구로 쓰일 말들을 섞어서 쓴다. 이런 환경으로 인해 교사는 가르칠 내용으로서의 한국어와, 소통 도구로서의 한국어를 구별하여 쓸 줄 알아야 한다.

의사소통의 과정에서 성공하려면 수업을 이끄는 교사의 많은 노력이 필요하다. 거듭 강조하지만, 언어 수업이란 목표 언어를 모르는 학습자가 '모르던 언어'를 쓸 수 있게 해 주는 것이기 때문이다. 만약 수업의 진행어가 학습 목표인 한국어라면 이것을 활용하는 기술은 더없이 중요하다. 다양한 소통 방법 중에서 최선의 방식으로 표현해야 하는데, 자칫하면 학습자의 머릿속을 잊고 교사의 혼잣말로 채우기 마련이다. 이런 수업에서 교사는 언어 능력에 대한 우월감으로 대단히 만족스러움을 느낄지도 모른다. 그러나 학습자는 같은 시간을 좌절의 시간으로 기억한다. 수업의 성공과 교사의 만족도는 다른 준거로 평가된다. 단언컨대 언어 수업 현장에서 교사의 혼잣말은 일종의 옹알이와 같다.

과제 3

❶ 한국어 교사가 되면 외국인 학습자에게 무엇을 가르쳐 주고 싶은가? 어떻게 가르쳐 주면 될까?

❷ 〈과제 1〉과 비교할 때, 무엇이 같고 다른가?

---

② 학습자의 언어 사용을 통한 습득 과정

수업 시간은 한 판의 피자와 같다. 교사가 학습자와 피자를 나눠 먹는다고 가정해 보자. 교사가 먹어버리는 만큼 학습자는 피자를 먹을 수 없다. 이것의 타당성을 판단하는 주요 기준은 이것이 처음부터 누구를 위해 준비한 피자였는지에 달려 있다.

한국어 수업 시간은 외국인 학습자가 말을 배우고 연습하는 시간이다. 교사가 말을 연습하는 시간은 아닌 것이다. 간혹 설명이나 모범 예를 보여줄 일도 있을 것이나, 교사가 설명을 하기 위해 시간을 쓰는 만큼, 학습자가 연습할 수 있는 시간은 없어지기 마련이다. 무엇보다도 요리나 운전 등과 같이 무엇을 잘하기 위해서는 연습에 시간을 써야 한다는 점에 동의할 것이다. 이러한 맥락에서, 언어 수업에서는 학습자에게 언어 사용 기회를 최대치로 부여해야 한다. 이것이 곧 학습자 중심 교육의 기본 논리이다.

여기서 중요한 또 하나의 원리가 있다. 수업에 참여할 외국인 학습자가 이해되지 않는 지시 사항을 따를 수 없다. 이것은 어떤 게임이든지 그 규칙을 숙지하지 못하면 게임에 적극적으로 참여할 수 없는 것과 같다. 외국인 학습자는 이해 가능한 언어 지식의 범위 안에서 게임의 규칙을 이해할 것이다. 이러한 점에 따라, 한국어 수업에서는 다음 두 가지를 교수 방안으로 적절히 활용한다. 첫째, 학습자의 배경 지식을 적극적으로 활용하고, 둘째, 이해될 수 있는 입력물(comprehensible input)을 활용한다. 다시 말해, 이미 알고 있는 정보와 익숙한 내용을 기초로 하여 새로운 언어 형식을 배워가게 한다.

이처럼 학습자의 참여를 활성화하기 위해 한국어 교사는 '더 간단하게 수정된 발화'를 제공하여야 한다. 학습자의 언어 사용에 집중하기 위해 기본적으로 이해의 부담을 덜어주는 노력이 필요하다. 예를 들면, 학습자 숙달도에 따라 언어 사용을 등급화하는 것이 있다. 주로 쉬운 어휘와 문법을 쓰고 텍스트의 길이를 짧게 하는 방법이 쓰인다. 학습자 수준에 맞춰 문법적으로 단순화하거나 쉬운 어휘를 길게 나열하는 것을 수정 텍스트라 한다. 이러한 수정 텍스트가 원래 제공될 텍스트보다 더 쉽다는 것을 담보할 수는 없으나, 이것이 이해 부담을 줄여 궁극적으로 학습자 참여에 기여한다.

또 다른 예로, 학습자의 배경 지식을 학습자의 이해 가능성을 높이는 장치로 활용하는 방법이 있다. 모어로 배운 지식은 외국어로 된 관련 내용을 이해하는 데 크게 도움이 된다. 이와 같이 학습자의 언어 사용 시간을 확보하고 학습자의 이해도를 높이는 다양한 노력이 요구된다. 이것은 언어 교사가 수행해야 할 의무이다.

과제 4

❶ 같은 정보라도 더 간단하게 전달할 수 있다. 다음은 학습자의 이해를 더 쉽게 하는 방법들이다. 다음 방법을 사용하기 위해 교사가 무엇을 준비할 수 있을지 예를 들어 생각해 보자.

- 정보를 명확히 하기:
- 사실과 의견을 구분하기:
- 담화 표지를 사용하기:

❷ 위 방법 외에 더 사용할 수 있는 것이 있을까? 제안해 보자.

-
-

한국어 교육 실습은 전문 능력을 갖춘 한국어 교사가, 한국어를 배우려는 학습자를 대상으로 한 교육 현장을 직·간접적으로 경험하는 교과목이다. 예비 교사가 한국어 교육 실습을 경험하는 것은 자신의 한국어 교육 성과를 높이기 위한 노력에 해당한다. 아울러, 이것은 현장에서 끊임없이 노력하고 있는 한국어 교사와, 한국어 학습에 성의껏 임하는 학습자에 대한 최소한의 예의이다. 무수한 한국어 교사는 예비 교원의 미래 동료이자, 미래 자신의 모습이다. 이런 의미에서 한국어 교육 실습 과정은 미래에 자신이 할 일의 가치를 존중하면서 그 일을 준비하는 시간이 될 것이다.

2 제2 언어 수업을 이해하는 몇 가지 요소

 생각 열기

❖ 제2 언어를 배우는 교실에는 무엇이 있는가?
  언어 교실을 구성하는 다양한 요소를 생각하며 다음 빈칸을 채워 보라.

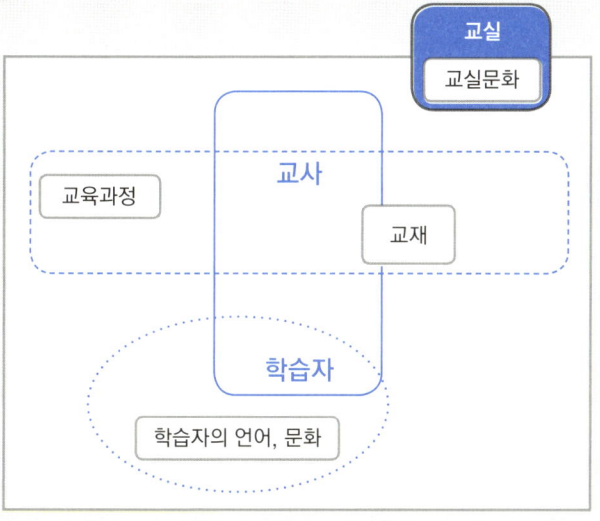

• 환경:

• 인적 요소:

• 수업 자료:

• 영향을 주는 기타 요소:

1) 인적 구성: 학습자, 교사

외국어 교실에서는 어떤 일이 일어나는가? 우선 교사가 전문 지식을 가르친다. 언어 교사는 그 언어에 대한 직관이 없는 외국인 학습자에게 소리, 문법, 어휘 등의 내용 지식과 문화 지식을 가르친다. 또한 학습자는 배운 지식을 활용하여 듣기·말하기·읽기·쓰기 등 구체적인 언어 행위를 연습한다. 이때 학습자의 언어 수준에 맞춰 일련의 언어 학습 과정이 제공된다.

여기에서 그치지 않는다. 외국어 학습에는 정의적 요소가 크게 작용한다. 이에 학습자가 새로 배울 언어와 문화를 긍정적으로 받아들이도록, 교사는 다양한 노력을 전개한다.

이와 같이 <u>외국어를 배우는 교실은 목적지향적이다.</u> 교사와 학습자는 이 목적을 달성하고자 하는 주체로서, <u>교실을 구성하는 최소한의 인적 구성 요소</u>이다. 한국어 교실에 선 '한국어 교사'는 한국어 교육 전문가로서 자격을 갖추기 위해 체계적으로 교육받은 자이다. 한국어 교사는 학습자 변인에 따라 교재를 적절히 활용하며 교수 학습을 진행하고 교실을 운영하기 위해, 지정된 한국어 교육 기관에서 역량을 강화한 교육 주체이다. 교사의 학습자 분석 역량과 교육 철학은 언어 교실의 목표와 방법을 다르게 하는 결정적인 요인이 된다.

한국어 교실에는 한국어 학습자라는 또 하나의 주체가 있다. 한국어 학습자란 모어를 한국어로 사용하지 않는 사람으로 한국어를 배우고 있거나 배우려는 사람을 이른다. 학습자가 없는 교육 현장이란 존재할 수 없다. 모든 수업의 설계와 같이, 한국어 수업 설계는 학습자에 따라 달라진다. 그러므로 한국어 교육 현장에 대한 이해는 한국어 학습자를 아는 것에서 출발한다고 해도 과언이 아니다. 이런 면에서 교육과정에 규정된 교육 목적을 달성하되, 다양한 학습자 변인을 고려할 수 있는 한국어 교사가 더욱 전문가답다고 할 것이다.

2) 자료: 언어

외국어 교실은 언어 학습을 목표로 하는 곳이다. 학습자가 언어 기술을 습득하여 익숙하게 사용하도록 하는 것이다. 이를 위해 교사는 언어 사용 시범을 보여주고, 학습자는 이러한 언어를 활용하는 연습을 한다. 언어 수업의 특수성은 바로 이 목표에 있다.

언어는 삶 속에서 통합적으로 쓰인다. 간혹 곤란의 정도나 사용 상황의 적절성이 문제되는 경우도 있으나, 일반적으로 일상생활이나 사회생활에서 사용 영역을 나누지 않고 통합적으로 쓰인다. 따라서 듣기·말하기·읽기·쓰기의 영역을 구분하거나, 초급·중급·고급의 범위를 나누어, 분야별 어휘로 말하는 상황이란 일상생활에서는 상상하기 어렵다.

그런데 언어 교육 상황에서는 언어를 목표에 맞게 구분하여 가르친다. 그 기준으로 곤란의 정도에 따른 계열성, 계속성(=연계성), 내용의 범위, 언어 기능의 통합과 분리 정도 등이 있다. 게다가 학습자의 요구, 목적, 숙달도, 언어 근접 정도, 문화 차이 등 학습자의 다양성을 고려한다. 이런 변인이 결합되면 수업의 변수란 무한대에 이를지도 모를 일이다. 이와 같이 다양한 변인을 극복하는 것이 한국어 예비 교사가 극복할 가장 첫 번째 과제이다.

외국어 교실에서 언어는 곧 교육 내용이자 언어 교육의 수단이다. 특히 교실에서 교사가 쓰는 언어는 학습자의 듣기 과정을 통해 언어 학습의 주요한 통로이다. 외국어교육에 대한 접근 방법 중에서 자연적 접근 방법(The Natural Approach)은 이해 가능한 교사 말의 노출이 매우 중요하다는 것이다. 특히 Krashen의 언어습득이론에서는 학습자의 이해를 돕는 언어 자료가 가능한 한 많이 제공되는 것이 학습자에게 도움이 된다는 점을 강조하였다.

교사는 이러한 점을 고려한 언어활동을 해야 한다. 교실에서 교사가 수행할 모든 언어활동에는 목표언어에 관한 지식과 언어 사용 기술이 포함된다. 우선 정확한 언어 지식이 제시 순서에 맞게 제공되어야 학습자 언어 능력을 향상시킬 수 있다. 그리고 유창한 언어 사용을 유도하기 위한 언어 교환 활동이 기능 통합적으로 연습되도록 마련되어야 한다. 이때 교사는 언어활동을 자연스럽게 하기 위해 무엇보다도 '학습자가 말할 수 있는' 교실 분위기가 필요하다는 점을 놓쳐서는 안 될 것이다.

3) 방법: 지도 및 학습 전략

언어를 가르치거나 배우는 데는 전략적 접근이 필요하다. 그런 의미에서 제2 언어 교수학습은 곧 전략적인 현장이다. 우선 교사는 다음과 같이 설정된 수업 단계에 따라 적절한 지도 전략을 모색한다.

> 학습자 요구에 대한 조사 → 수업 목적 및 목표 설정 → 교육 내용 선정 → 교수법 구안 → 교육 내용 배열과 조직 → 평가

위의 단계를 보면, 교수 학습은 학습자 요구 조사에서 출발한다. 학습자가 무엇을 어떻게 배우고 싶어 하는지를 알지 못한 채 가르칠 수는 없다. 그런데 학습자 요구는 학습자의 모어, 문화권 특성, 학습 목적, 연령 등 여러 변수에 따라 다르다. 학습자 변인 가운데에는 모어, 연령 등 객관적 정보도 있고, 선호하는 활동과 학습 요구 등에 따른 주관적 정보도 있다. 일반적으로 교사는 객관적 사실 정보를 우선적으로 분석하고, 다음으로 학습자 변인별 주관적 정보를 고려한다. 이와 같이 교사가 학습자 요구를 알아보고 분석할 수 있다면 언어를 가르치는 방법도 달라질 것이다.

그런데 실제 한국어 교실에서 지도 양상은 그렇지 않다고 보고되고 있다. 학습자 요구를 조사한 여러 연구 결과, 학습자들은 공통적으로 '한국어 교실이 좀 더 역동적이 되기'를 바라며, '한국어 교실에서 학습자에게 연습 기회를 부여하기'를 바란다고 한다. 한국어 교실이 이러한 학습자의 요구를 반영하지

못하고 있다는 것이다. 한국어 교실이 학습자의 발화 기회를 차단하는 이유를 알아보기 위해 다음과 같은 지도 경향에 주목할 필요가 있다.

<u>한국어 수업의 방식은 PPP(제시-연습-활용) 방식에 고착화한 경향</u>이 있다. PPP는 학습자에게 도움을 주는 좋은 교수법이자 유용한 방식으로 알려져 있다. 그러나 이것은 언어 수업에 특화된 것이 아니라 운동, 기술 습득 등에서도 익숙하게 쓰이는 것이다. 역으로 이것은 언어 수업의 특수성을 반영한 방식이 아닌 셈이다. PPP 과정에서는 교사가 제공하는 앞부분에 초점이 주어지면서 교사가 시간을 많이 쓰게 된다. 때때로 학습자 반응에 따라 예정된 시간이 지연되기도 하는데, 이럴 때 PPP로 준비된 한국어 수업에서는 학습자가 연습할 수 있을 후반부의 시간이 보장되지 못하는 것을 볼 수 있다.

한편, 최근 언어 교수의 동향을 살펴보면 TTT(첫 번째 과제-교수-두 번째 과제)로 설계된 방법이 많이 쓰이고 있다. 이것은 학습자는 교사가 가르치는 범위를 넘어 언어활동을 자발적으로 수행할 수 있다고 본다. PPP와 TTT 가운데 어떤 교수법이 더 적절하냐는 것은 그날 학습 목표에 따라 분명히 다르다. 그러나 우리가 기억할 것은, 교실에는 교사의 선호도와 지도법만이 아니라 학습자의 전략적인 학습법이 존재한다는 점이다. 교사의 철학과 마찬가지로, 학습자의 선호도와 동기에 따라 학습 방법이 달라지는 것이다. 거듭 강조하는 바, 학습자는 교실의 또 다른 주체이다. <u>학습자에게 발화 기회를 더 줄 수 있는 지도 전략</u>의 중요성이 한국어 교실에서 더욱 높아지고 있음을 강조한다.

4) 교실 문화: 수업 문화, 학습 문화

외국어 교실에는 교실 문화, 교사의 수업 문화가 전제되어 있다. <u>교실 문화란 교사와 학습자의 관계에 따라 의사소통 방식을 결정하는 특수한 문화</u>를 말한다. 교실 문화의 생성 과정에는 교사와 학습자의 개인적 성향이 어느 정도 영향을 미치기도 하나, 일반적으로 교실 내 주체들의 역할과 관계가 교실 문화를 만드는 것으로 알려져 있다.

그런데 한국어 교실에는 교사의 수업 문화뿐만 아니라, 학습자의 학습 문화가 함께 존재한다. 만약 한국인 교사와 다양한 외국인 학습자가 있다면 그 국적과 문화권의 수 이상으로 다양한 문화가 공존하고 있을 것이다. 학습자는 나라별로 학습 문화에 따른 차이를 가지고 있다. 언어권별 문화권별 이질성으로 인한 외톨이가 발생하기도 한다. 게다가 다문화적 인식이 부족한 교사는 자신이 경험한 학습 문화대로 학습자에게 지시하며, 그 범위 안에서 학습자를 이해하려는 경향이 있다. 이 과정에서 학습 태도에 대한 오해도 발생한다.

이러한 문화 차이로 인해 교사와 학습자, 그리고 학습자는 교실 안에서 이문화 소통(異文化 疏通)을 한다. 문화 차이는 흥미와 관심을 유발하는 요인이기도 하지만, 교육 내용 전달을 어렵게 하고 소통의 장벽을 높이는 주요 원인이 되기도 한다. 그러므로 외국어 교실의 문화란 다루기가 여간 어려운 것이 아니다.

한국어 교사는 교실에 공존하는 이러한 여러 문화를 인식하고, 사회문화와 언어문화에 대한 차이를 반영한 교수 학습의 목적을 설정하는 것이 필요하다. 언어 학습을 통한 의사소통이라는 목적에 따라 교수요목을 설계하고, 이에 적합한 교재를 선정하는 능력을 발휘함으로써 이질적인 교실 문화를 극복할 수 있을 것이다.

마무리 과제

❖ 한국어 수업 시간에 교사는 무엇 때문에 힘들어 할까? 한국어 교사가 극복해야 할 문제점에 대해 구체적으로 생각해 보자.

예시 언어 소통 장애

2장 한국어 교사의 자질과 역할

 **생각 열기**

❶ 한국어 학습자의 한국어 능력 향상을 위해 교사가 할 수 있는 일은 무엇인가?

❷ 한국어 교사의 업무는 교실 안에서 끝나는가?

❸ 한국어 교사가 생각하는 좋은 교사와 학습자가 생각하는 좋은 교사는 같은가?

한국어 교실은 교사와 학습자가 한국어를 매개로 소통하는 작은 사회이다. 그러나 교사 및 학습자의 국적, 연령, 학습 목적, 학습 배경 등이 다양하여 구성원 간의 소통이 쉽지만은 않다. 때로는 교실 안팎에서 크고 작은 오해와 갈등이 발생하기도 한다.

교사와 학습자, 그리고 학습자 간 오해와 갈등을 방지하기 위해서 어떻게 해야 할까? 교사와 학습자가 한국어 교실에서 만나는 목적이 학습자의 한국어 의사소통 능력 향상이라는 점을 잊지 않는다면 적어도 교실에서의 불필요한 오해는 없을 것이다.

특히, 교사는 학습자의 한국어 의사소통 능력 향상을 위해 언어 교육 전문가로서의 역할과 수업 운영 전문가로서의 역할이 있음을 명심하도록 한다.

1 언어 교육 전문가

'한국인이라고 해서 외국인에게 한국어를 가르칠 수 있는 것은 아니다.'라는 말을 들어 본 적이 있는가? 이 말은 국어 교사와 차별되는 한국어 교사의 정체성을 강조하는 것으로, 교육 대상에 따라 교육 방법은 물론이고, 교육 내용도 달라진다는 교육 철학을 반영한다.

한국어 교사로서의 정체성은 '나는 국어 교사와 다르다'라는 주장만으로 형성되는 것이 아니다. 한국어 교육에 대한 열정과 탐구가 밑거름이 되어야 나 자신은 물론이고, 타인에게 인정받는 한국어 교사가 될 수 있다. 따라서 언어 내용적 측면과 이를 전달하는 교육 방법적 측면에서 한국어 교육에 적합한 지식과 기술을 보유하도록 한다.

언어 교육 전문가로서 한국어 교사는 한국어 교육에 적합한 교육 내용과 교육 방법을 알고, 한국어에 대해 끊임없이 탐구해야 하며, 자신의 수업을 돌아보고 발전시키기 위한 노력을 게을리 하지 않아야 한다.

1) 교육 내용에 대한 지식

새로운 외국어를 처음 배울 때를 떠올려 보자. 대체로 발음 연습이 문자 연습과 함께 이루어지고, 기초 어휘 몇 개를 익힌 후 바로 기본 문장을 만드는 방법을 배우게 된다. 주어와 서술어로 이루어진 기본적인 문장 구조를 알아야 이를 응용하여 해당 외국어로 필수적인 의사소통을 할 수 있기 때문이다.

한국어에서 'N은/는 N이다'는 한국어를 처음 배우는 학습자가 '제 이름은 캐리입니다.', '저는 미국 사람입니다.' 등으로 자기소개를 하는 순간부터 필수적으로 사용하는 문장 구조이다. 'N은/는 N이다'와 같은 기본적이며 단순한 문장 구조에서부터 다른 학문과 차별되는 한국어 교육적 교육 내용을 찾아볼 수 있다.

한국어 학습자에게 '이다'는 어떻게 가르치고 있을까?

학교 문법에서 '이다'는 형태·통사적 측면에 무게를 두어 '서술격조사'라고 일컫는다. 한국어 교육에서도 학교 문법을 따라 '이다'를 '서술격조사'로 부르기도 한다. 그러나 한국어 학습자의 언어 사용 측면에서 '이다'의 서술 기능과 활용에 주목하여 '이다 동사'라고 가르치는 경우도 있다. 이것은 의사소통에 중점을 두는 한국어 교육의 기능적 관점 때문이다.

국어 교사와 한국어 교사가 가르치는 언어가 다르지 않다. 동일한 한국어(Korean Language)를 가르치나, 교육 대상 및 목적에 따라 교육 내용에 대한 관점이 달라질 수밖에 없는 것이다. 따라서 한국어 교사는 한국어 교육의 기능적 관점에서 교육 내용을 바라보는 안목을 지녀야 할 것이다.

과제 5

❶ 'N은/는 N이다'는 어떻게 가르치면 좋을까? 한국어 문법 사전이나 한국어 교재를 참고해 보자.

❷ 'V-(으)세요'는 '책을 읽으세요.', '잘 들으세요.' '써 보세요.'와 같이 일반적으로 동사와 결합하여 요청이나 명령 기능을 한다. 이때 한국어 교육에서는 '동사' 대신 '동작 동사'라는 용어를 사용하기도 하는데, 그 이유는 무엇인지 생각해 보자.

2) 교육 방법에 대한 지식

한국어 교육에 필요한 내용을 <u>아는 것과 가르치는 것은 서로 다른 문제이다</u>. 아무리 많은 것을 알고 있다고 해도, 학습자에게 어떻게 가르쳐야 할지 모른다면 가르치는 일을 업으로 하는 교사(敎師)의 직무를 다할 수 없다. 따라서 한국어 교사는 학습자가 교육 내용을 쉽게 이해하고 사용하는 데 도움이 되도록 가르치는 방법을 지속적으로 개발하고 보완해야 한다.

한국어 교육의 성패는 <u>교육 내용을 어떻게 분리하고 연계하여 가르치느냐</u>에 달려 있다고 해도 과언이 아니다.

한국어 초급 교육 항목인 '-아서/어서'는 선·후행절을 원인과 결과의 의미로 연결하기도 하고, 시간적 순서를 나타내기도 한다. 초급 학습자에게 '눈이 많이 와서 길이 미끄러워요.'와 '내일 만나서 뭘 할까요?'에 쓰인 '-아서/어서'의 두 가지 기능을 동시에 가르치는 것은 부담이 된다. 따라서 한국어 교사는 두 가지 기능을 분리하여 가르칠 줄 알아야 한다.

이처럼 하나의 교육 항목이 다양한 의미를 지닌 경우 분리 원리가 적용된다면, 유사한 의미를 지닌 두 가지 이상의 교육 항목에는 연계 원리가 적용된다. 한국어 중급 연결어미 '-느라고'의 의미를 가르치기 위해 이보다 앞서 학습한 '-아서/어서', '-기 때문에', '-는 바람에' 등을 활용하는 것이 효율적이기 때문이다.

과제 6

❶ '-(으)ㄹ 거예요'로 문장을 만들어 보고 무슨 기능을 하는지 생각해 보자.

❷ '-겠-'으로 문장을 만들어 보고, '-(으)ㄹ 거예요'와 무엇이 다른지 생각해 보자.

---

3) 한국어에 대한 끊임없는 탐구

한국어 교사가 한국어를 잘 아는 것은 당연한 일이다. 그러나 한국어에 대한 모든 것을 완벽히 알고 있다고 자신할 수 있을까?

언어는 생명력을 지닌 유기체와 같아서 소멸과 창조를 반복한다. 언어 교사가 지속적으로 해당 언어에 대해 탐구하지 않으면 변화의 속도를 따라가기 힘들다. 따라서 한국어 교사는 한국어 교육 내용과 교육 방법에 대한 탐구와 함께, 한국어라는 언어 자체에 대한 탐구를 소홀히 하지 않아야 할 것이다. 알아야 가르칠 수 있는 것이다.

한국어 발음, 어휘, 문법에 대한 한국어 교사의 깊이 있는 지식은 학습자의 정확하고 유창한 한국어 의사소통 능력 함양에 좋은 밑거름이 된다. 또한, 한국어 말하기, 듣기, 쓰기, 읽기 등 의사소통 기능 교육에 대한 폭넓은 지식은 생동감 있는 한국어 수업을 설계하기 위한 발판이 될 것이다.

과제 7

❖ 한국어교육학의 연구 영역 중, 어떤 영역에 관심이 있는지 말해 보자.

4) 수업에 대한 자기 성찰

한국어 교실은 한국어 교사가 자신의 교육 역량을 정해진 시간에 함축적으로 표출해야 하는 무대이다. 따라서 한국어 교사는 학습자의 의사소통 능력 향상에 도움이 되는 무대를 보여 주기 위해 수업 전에 연습을 해야 한다.

수업 연습은 거울을 보면서 자신을 관찰하는 것으로 시작되며, 녹음이나 녹화를 활용할 수도 있다. 이때 동료 교사의 평가를 병행한다면 좀 더 객관적인 시각으로 자신의 수업을 평가할 수 있다. 수업 후에는 교육 내용, 교육 방법, 학습자의 반응 등을 수업 일지에 기록하는 것도 교사 스스로 자신의 수업을 살펴보는 데 도움이 된다.

한국어 교사는 수업을 준비하는 단계부터 수업이 끝난 후까지 자신의 수업을 관찰하고 개선하기 위한 자기 성찰이 이루어져야 한다. 물론, 처음에는 시간도 많이 걸리고 번거로운 일이다. 그러나 수업 연습과 수업 일지 작성은 수업을 윤택하게 하는 자양분으로, 한국어 교사로서 <u>근거 있는 자신감 형성의 원천</u>이 됨을 기억해야 할 것이다.

과제 8

❖ 수업 일지에 무엇을 기록하면 좋을까?

2 수업 운영 전문가

한국어 교실에서 한국어 교사는 학습자에게 한국어를 가르치는 일련의 활동을 한다. 교사는 한국어를 가르치면서 학습자의 성향이나 의사소통 활동에 따라 수업에 변화를 주기도 한다.

1) 신속하고 정확한 학습자 파악

한국어 학습자의 국적, 연령, 성별 등 인적 다양성에서 비롯되는 사고와 문화의 다양성은 한국어 수업을 매력적이며 흥미롭게 한다. 그러나 그만큼 많은 변수 때문에 예측하지 못한 오해나 갈등이 생기기도 한다. 학기 시작부터 끝까지 수업을 원만하게 운영하기 위해 교사는 무엇을 해야 할까?

'지피지기(知彼知己)면 백전백승(百戰百勝)'이다. 이것은 한 학기 동안 교사가 학습자와 원만한 관계를 유지하여 교육 효과를 극대화하기 위해 기억해야 할 말이다. 교사는 학기 초에 빠르고 정확하게 학습자의 교육 배경, 한국어와 한국 문화에 대한 흥미 유무, 학습 목적, 수업 태도, 성격 등 수업에 영향을 미치는 학습자 변인을 진단해야 한다.

학습자 맞춤형 교육은 다음과 같은 학습자 변인을 알고 학습자별로 학습자 카드에 기록하는 일에서 시작된다.

- 학습자의 한국어 학습 동기가 내적 동기인가, 외적 동기인가?
- 학습자의 인지 성향이 장독립적인가, 장의존적인가?
- 학습자는 자신에게 맞는 학습 전략을 잘 알고 있는가?
- 학습자는 학습을 지속하기 위한 심리적, 경제적 여유를 확보하고 있는가?

과제 9

❖ 학습자 카드에 무엇을 기록하면 좋을까?

어떤 방법으로 학습자를 파악할 수 있을까? 교실의 다양한 의사소통 활동으로도 가능하나, 무엇보다 교사와 학습자의 교감 형성이 중요하다. 교사가 바른 자세로 학습자에게 눈을 맞추며 따뜻하고 부드러운 표정과 음성으로 이름을 부르는 일에서 학습자와의 교감은 형성되기 시작한다.

이때 명심해야 할 것은 교감 형성도 학습자의 한국어 의사소통 능력 향상에 도움이 되는 범위로 한정된다는 점이다. 교사는 자신감으로 교육에 대한 열정을 보여주되, 때로는 엄격함, 근엄함, 진지함으로 학습자에게 냉정을 유지하면서 교사와 학습자의 역할이 다름을 인식시킬 필요가 있다.

과제 10

❶ 한국어 교사와 학습자 간에 친밀감이 형성되면서, 일부 학습자는 교사에게 자신의 집안 문제, 연애 문제 등 지극히 개인적 문제에 대해 상담을 요구하는 경우가 있다. 이때 교사는 어떻게 대처하는 것이 좋을까?

❷ 한국어 학습자는 한국어 교사의 대표적인 특징으로 '친절'을 꼽는다. 그 이유는 무엇일까? 그리고 한국어 교사로서 '친절'의 범위는 어디까지인지 생각해 보자.

❸ 한국어가 좋아서 공부하는 학습자도 많지만 부모님의 권유로 마지못해 한국어를 배우는 학습자도 어렵지 않게 찾을 수 있다. 좋아하는 일도 다른 사람이 시키면 하기 싫은 법인데, 공부는 더 그럴 것이다. 한국어 학습 의욕이 약한 학습자에게 교사로서 할 수 있는 일은 무엇일까?

2) 즐거운 수업 분위기 조성

'한번 틀린 것은 잊어버리지 않는다.' 학습자는 교사에게서 오류를 교정 받으면서, 또 다시 틀리지 않기 위해서 주의하기 때문이다. 이처럼 오류는 학습자 스스로 자신이 무엇을 알고 무엇을 모르는지 확인하고, 올바른 한국어를 구사할 수 있도록 도움을 받을 수 있는 좋은 기회이다.

일반적으로 학습자는 잘 모르는 것은 피하는 경향이 있다. 특히, 문법에 자신이 없는 경우에는 단어 중심으로 나열하기 때문에 완전한 문장을 구사하지도 못한다. 학습자가 오류를 피하려고만 하면 교사는 학습자가 어떤 부분을 모르는지 진단하기 어렵고, 학습자는 한국어에 대한 자신감이 계속 낮아질 수밖에 없다.

오류는 자연스럽고 좋은 것이다. 따라서 교사는 학습자의 실수나 오류에 관대하게 대처하고, 학습자가 자신의 발화에 자신감을 가지도록 격려해야 할 것이다.

과제 11

❖ 실수나 오류가 두려워 말을 잘 하지 않는 학습자에게 자신감을 주기 위해 교사는 무엇을 할 수 있을까?

학습자 맞춤형 교정은 즐겁게 틀리고 교정할 수 있는 분위기를 형성하는 데 도움이 된다.

오류 교정 방식은 교정 시기에 따라 즉각 교정과 사후 교정, 대상에 따라 전체 교정과 개별 교정, 학습자 공개 여부에 따라 공개 교정과 익명 교정으로 나뉜다. 교사는 학습자의 오류 유형이나 오류 교정에 대응하는 방식에 따라 오류 교정 방식을 선택적으로 적용할 수 있어야 한다.

일반적으로 학습자의 오류를 발화 중간에 즉각 교정하면 발화의 흐름이 끊겨 학습자가 발화 자체를 포기할 수 있다. 따라서 교사는 국소적 오류에 한하여 오류를 메모한 후 학습자의 발화가 모두 끝난 후 사후 교정하는 것이 좋다. 그러나 학습자의 발화 내용을 이해하기 어려운 전반적 오류는 즉각 교정을 통해 학습자 스스로 발화의 내용과 방향을 수정하도록 해야 한다.

대부분의 학습자에게서 공통적으로 보이는 오류가 있다면 이를 모아서 수업 시간에 교사가 전체 교정하는 것이 효율적이다. 만일 특정 오류가 소수의 학습자에 한정된 것이라면 개별 교정으로 학습자에게 오류의 원인을 알려주고 교정해 주는 것이 학습자에게 도움이 된다.

학습자의 성격도 교정 방식에 영향을 미친다. 외향적인 학습자에게는 동의를 구하고 공개 교정을 하여 학습자가 잘한 부분은 칭찬을 하고 오류에 대해서는 개선 방안을 공유한다. 학습자는 자신의 글이 수업 시간의 모범 글이 되었다는 자부심으로 학습 의욕이 더욱 높아질 수 있다. 반면, 유난히 수줍음을 많이 타는 학습자에게는 익명 교정을 하여 학습자의 부담을 줄여야 한다.

과제 12

❖ 학습자의 쓰기 과제를 점검하면서 오류를 교정해 주어도 지속적으로 동일한 오류를 범하는 학습자에게는 어떻게 대처하는 것이 바람직할까?

3) 의사소통 활동에 따른 책상 배치

한국어 교육의 목적이 학습자의 의사소통 능력 향상인 만큼, 교사는 교육 내용에 따라 다양한 의사소통 활동 중 어느 하나를 선택할 수 있어야 한다. 그리고 선택한 의사소통 활동을 효율적으로 운영하기 위해 책상 배치에도 변화를 주도록 한다.

한국어 초급 학습자에게 제시되는 전형적인 문장이나 대화 쌍 연습은 주로 교사 주도의 통제된 연습으로 가능하다. 교사 주도의 연습에서는 학습자가 교사에게 시선을 집중해야 하기 때문에 전통적인 책상 배치인 일자형 배치가 활용될 수 있다. 그러나 일자형 배치는 다양한 의사소통 활동을 수행하는 데 제약이 크므로 한국어 교실에서는 선호되지 않는다.

교사 주도의 연습과 학습자 중심 활동을 모두 효과적으로 운영할 수 있는 책상 배치 유형은 무엇일까?

학습자가 교사의 일방적인 설명, 지시, 질문에도 주목할 수 있고, 옆 자리 동료와 짝활동을 하기에도 부담이 없는 유형은 디귿자형 배치라 할 수 있다. 디귿자형 배치는 교사가 학급 전체를 관찰할 수 있기 때문에 학습자 간 활동에 대한 피드백에도 유용하다.

의사소통의 정확성보다 유창성이 좀 더 요구되는 문제 해결 활동이나 역할극을 하기 위해 학습자를 4명 내외의 소그룹으로 구성하여 책상을 배치하기도 한다. 이런 소그룹형 배치는 학습자의 참여도를 높이는 데 상당히 긍정적이다. 하지만 이것에 동반되는 문제도 적지 않다. 소그룹으로 운영되다 보니 교사의 통제에서 어느 정도 자유로워지기 때문에 대화 주제가 수업 내용과 관련 없는 내용으로 변질되기도 한다. 따라서 소그룹형 배치로 의사소통 활동을 원활히 진행하기 위해서는 수업이 교사의 통제하에 있다는 점을 학습자에게 상기시킬 필요가 있다.

과제 13

❶ 학습자의 자유로운 소그룹 활동이 진행되는 동안, 교사는 무엇을 해야 하는지 생각해 보자.

❷ 교재에 실린 의사와 환자의 대화문을 짝활동으로 연습시키려고 한다. 학급의 학습자 수가 홀수인 경우, 2인 대화 연습은 어떻게 진행하는 것이 좋을까?

4) 교사와 학습자의 신뢰감 형성

'팥으로 메주를 쑨다고 해도 믿는다.' 우리는 믿고자 하는 것을 무한 신뢰하는 경향이 있다. 맹목적인 믿음이 다 옳은 것은 아니나, 적어도 한 학기 동안 교사가 학습자를 관리하고, 수업을 운영하기 위해서는 학습자가 교사를 믿고 따르도록 하는 기술이 필요하다.

서로를 존중하고 솔직하게 대하는 태도에서 인간적 신뢰감은 형성되기 시작한다. 그러나 학습자는 한국어 교사에게 인간적으로 믿을 수 있는 사람만을 원하는 것이 아니라, 한국어를 잘 가르치는 교육 전문가를 원한다. 교사는 학습자에게 '내가 이 선생님한테 한국어를 배우면 한국어를 잘 할 수 있다.'라는 믿음을 심어줘야 하는 것이다.

한국어 교사에 대한 학습자의 신뢰감 형성에 반드시 필요한 것은 교사의 실력과 자신감이다. 한국어 교사로서 갖춰야 할 실력과 자신감은 앞서 언어 교육 전문가로서의 자질과 역할에서 살펴보았다.

여기서 주의해야 할 것이 있다. 자신감은 실력을 바탕으로 자연스럽게 뿜어져 나오는 것이지, 인위적으로 만들어지는 것이 아니라는 것이다.

어떤 교사는 다른 교사보다 자신이 우월함을 과시하면서, 또 어떤 교사는 교재를 깎아내리면서 학습자에게 자신의 실력을 자랑하기도 한다. "그 선생님은 이런 말 안 했지요?", "지난 시간에 짝활동도 안 했어요?", "이 교재에는 한국 사람들이 자주 사용하지 않는 표현이 너무 많습니다.", "이 문법은 몰라도 돼요."

백인백색(百人百色)인 것처럼 학습자를 100% 만족시키는 교사도 없으며, 교사와 학습자를 100% 만족시키는 교재도 없다. 따라서 자신이 최고의 교사인양 학습자 앞에서 자랑을 늘어놓는 것 또한 옳지 못하다.

이런 '제 살 깎아먹기 식의 실력 자랑'은 순간적으로 자신을 우월한 교사로 착각하게 만들 수는 있지만, 결국 학습자에게 한국어 교사, 교재, 교사나 교재를 선택한 교육 기관까지 불신하게 만들어 교육 효과를 떨어뜨릴 가능성이 크다. 그리고 이것은 한국어 교사, 교재, 교육 기관에 대한 학습자의 신뢰를 무너뜨리는 가장 빠른 방법이라는 것을 알아야 할 것이다.

과제 14

❶ 한국어 학습자는 교사에게 언제 존중 받지 못한다고 여길까?

❷ 수업 시간에 교사가 미처 준비하지 못한 내용에 대해 질문을 하는 학습자에게 어떻게 대처하는 것이 교사와 학습자의 신뢰감을 유지할 수 있는 방법인지 생각해 보자.

마무리 과제

❶ 한국어 초급 학습자에게 '-(으)ㄹ까요?'가 쓰인 다음의 두 예문을 어떻게 가르칠 수 있는지 생각해 보자.

  예시1 내일 비가 올까요?
  예시2 주말에 영화를 볼까요?

❷ 말하기 오류 교정과 쓰기 오류 교정의 공통점 및 차이점은 무엇일까? 오류 교정 범위, 오류 교정 시기, 오류 교정 내용, 오류 교정 주체 등의 측면에서 생각해 보자.

❸ 학습자를 4명 내외의 소그룹으로 구성하여 그룹별로 한국 문화의 장단점에 대해 의견을 나누고, 전체 학습자를 대상으로 발표하는 활동을 하려고 한다. 소그룹별 학습자 구성은 어떻게 하는 것이 좋을까? 학습자 언어권, 성격, 한국어 말하기 능력 등을 고려하여 생각해 보자.

❹ 한국어 수준 차이가 작지 않은 학습자를 한 교실에서 가르쳐야 하는 환경에서 교사는 어떤 점이 가장 어려울까? 이 학급을 교사는 어떻게 운영하는 것이 좋을지 생각해 보자.

❺ 다언어권 학급에서 모어가 동일한 학습자끼리 자신의 모어를 사용하는 경우, 어떻게 대처하는 것이 좋을지 생각해 보자.

# 3장 한국어 수업 설계와 모형

 **생각 열기**

❶ 여러분이 생각하는 이상적인 외국어 수업은 어떤 것인가?

❷ 자신이 들었던 외국어 수업 중에 가장 좋았던 수업은 어떤 수업인가? 그 이유는 무엇인가?

집을 지을 때 땅이 준비가 되었고 집을 짓는 데 필요한 재료들이 다 준비되었다고 해서 바로 집을 지을 수 있는 것은 아니다. 땅을 다지는 것에서부터 틀을 잡고 기둥을 세우고 벽을 만드는 것까지 정해진 순서에 맞게 하나하나 해 나가야 안전한 집을 지을 수 있는 것이다.

한국어 수업도 마찬가지이다. 교사가 있고 학생이 있으며 가르칠 교재가 있다고 해서 훌륭한 수업이 이루어지는 것은 아니다. 어떤 내용을 어떠한 방식으로 가르칠지, 학생에게 설명은 어떻게 하는 것이 효과적일지 등에 대한 고민과 계획이 전제될 때 좋은 수업을 실현할 수 있는 것이다. 이번 장에서는 한국어 수업의 밑그림이라 할 수 있는 수업 설계와 모형에 대해서 알아보자.

1 수업 설계의 기초

수업 설계란 무엇을 어떻게 가르칠 것인가에 대한 계획으로 무엇은 수업 시간에 가르쳐야 할 내용에 대한 계획이며, 어떻게는 이러한 내용을 가르치는 방법에 대한 계획이라고 할 수 있다. 교육 내용과 교수 방법은 유기적 관계를 가지고 있다.

수업을 설계할 때는 먼저 이 수업이 외국어 수업이라는 것을 생각해야 한다. 이런 점에서 다음과 같은 방향 설정이 필요하다. 먼저 한국어 수업의 목적은 학습자의 의사소통 능력을 향상시킬 수 있는 방향으로 설계가 되어야 한다는 것, 그리고 그 중심에는 학습자가 있다는 것, 수업이 자연스럽고 물 흐르듯이 진행되며 학습자들에게 유의미한 시간이어야 한다는 것이다.

수업을 설계할 때에는 그 상위의 목적과 목표를 염두에 두고 이루어져야 한다. 교육과정에서 목표로 하는 것이 무엇인지, 수업이 그 목표를 반영하고 있는지, 그리고 이러한 수업은 학습자를 중심으로 설계되었는지, 거시적인 관점에서 수업의 방향성과 원리를 제시하는 것이 수업 설계의 핵심이라 할 수 있다. 이러한 거시적인 방향성과 원리가 수립되었다면 이를 바탕으로 수업의 절차와 순서를 구체화해 나가야 한다. 그리고 이런 절차와 순서를 참고할 수 있도록 기록해 둔 것이 바로 지도안이라 할 수 있다. 즉 수업 설계는 교육과정에 대한 고려에서부터 지도안 작성에 이르는 연속체로서 존재하고 있다.

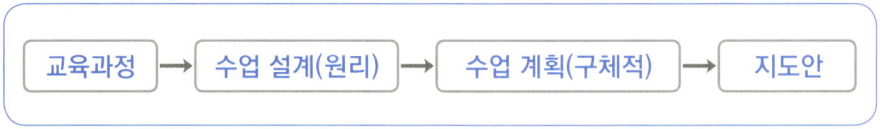

수업을 설계하기 위해서는 먼저 보다 큰 차원에서의 고민이 필요하다고 하겠다.

여러분이 다문화지원센터의 주임 교사로 결혼이민자 대상 한국어 수업을 운영 및 관리하고 있다고 가정하고, 다음 질문에 스스로 답을 해보자.

- 교육 목표는 사회와 학습자의 요구에 맞게 적절하게 수립되었는가?
- 교수요목은 내용은 목표를 충분히 반영하고 있는가?
- 해당 교육과정의 기간과 시간을 고려하였을 때 교수요목은 적절한 분량으로 구성되었는가?
- 해당 교육과정에 효과적인 교수법은 무엇인가?

위의 질문에 스스로 대답을 하면서 수업의 방향을 잡았다면 다음은 보다 구체적인 차원에서 스스로 질문을 하면서 답을 찾아 보자.

- 하나의 단원은 몇 시간에 걸쳐 진행할 것인가?
- 단원의 내용은 어떤 순서로 가르칠 것인가?
- 문법과 어휘에 대한 설명을 어떻게 할 것인가?
- 학습자에게 부여될 활동은 무엇인가?
- 학습자의 예상 반응과 그에 대한 피드백은 어떻게 줄 것인가?

위의 미시적인 질문들에 스스로 대답을 했다면 이제 수업의 방향과 큰 그림은 그린 것이라고 할 수 있다.

과제 15

❶ 외국인지원센터의 근로자를 위한 한국어 교육을 한다고 할 때 해당 교육과정에 대한 거시적인 관점에서 수업을 설계해 보자.

❷ 외국인 근로자를 위한 한국어 교재를 찾아보고 미시적인 관점에서 수업 계획을 세워 보자.

2 교수 모형

수업에 대한 거시적인 원리에서부터 구체적인 계획까지 세웠다면 수업을 운영해 나갈 수 있을 것이다. 그런데 여러분이 계획한 수업은 어떤 방식으로 되어 있는가?

학습자에게 내용을 하나하나, 차근차근 가르치고 연습을 시키는 방식을 취하고 있는가, 아니면 가능한 많은 활동과 과제들을 해 보도록 하며 그 안에서 스스로 깨우치는 방식을 취하고 있는가, 어떠한 방식으로 가르칠 것인가는 교수 설계의 방법적 측면에서 핵심이 되는 문제라 할 수 있다.

의사소통식 접근 이후 교육 내용과 교육 방법의 경계가 모호해졌으나 같은 내용을 교육하더라도 가르치는 교사가 주가 되는지, 배우는 학습자가 주가 되는지에 따라 수업의 방식과 절차, 순서는 다른 형태로 실현될 수 있다. 어떤 수업을 만들어갈지 고민할 것이 많은데, 이번 절에서는 이러한 고민에 대한 답을 주는 대표적인 교수 모형 두 가지를 살펴보도록 하겠다.

1) PPP 모형

ppp 모형은 언어 학습을 하나의 습관으로 생각하며, 이러한 습관을 만들어 주기 위해 '제시-연습-활용'의 단계에 따라 교수·학습 활동을 진행하는 수업 모형이다. 이 교수 모형은 구조주의 언어학과 행동주의 심리학을 바탕으로 두고 있으며, 교사가 목표 문법을 미리 선정하여 제시, 설명을 해 준 후에 충분한 연습을 실시하여 정확성을 향상시키고 이를 바탕으로 생산 및 활용의 단계에서 학습자의 유창성을 발달시키는 구조를 가지고 있다.

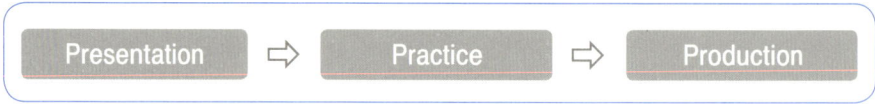

먼저 첫 번째 'P' 제시 단계에서는 문법의 의미와 형태 규칙, 사용 규칙을 제시하고 이를 설명한다. 다음으로 두 번째 'P' 연습 단계에서는 배운 문법에 대한 반복적 연습을 실시한다. 학습한 문법에 대해 문장 단위의 기계적 연습을 주로 실시하며 학습한 문법에 대한 정확성 향상을 도모한다. 마지막 'P' 활용 단계에서는 배운 학습에 대한 실제 사용 맥락에서의 적용 활동을 실시함으로써 유창성 발달을 도모한다.

PPP 수업 모형은 구조주의 언어학에 바탕을 두고 있는 만큼 언어는 작은 단위에서 단계적으로 학습될 것이라는 것과 행동주의 심리학에 바탕을 두고 있는 만큼 충분한 연습을 통한 습관 형성이 언어 발달에 긍정적인 영향을 줄 것이라는 믿음을 가지고 있다.

이러한 PPP 모형은 언어 수업 외에도 우리가 일반적으로 인식하는 강의의 단계와 닮아 있다. 교사가 특정 내용을 설명하고 이를 학습자가 이해하고 연습한 후 실제로 활용해 보는 교사 중심의 전형적인 강의식 수업 구조를 가지고 있다. 이러한 이유로 교사와 학습자 모두에게 익숙한 수업 방식이라 할 수 있으며, 특히 수업 운영이 서툰 초보 교사에게는 용이한 방식이라 할 수 있다.

2) TTT 모형

TTT 모형은 학습자의 자발적인 언어 사용과 유의미한 의사소통을 중시하여 '과제1-교수-과제2'의 단계에 따라 교수 학습 활동을 진행하는 수업 모형이다. 이 모형은 언어 교육에 의사소통식 접근이 본격화되고 바깥 실세계에서 수행하게 되는 과제들을 수업에 반영한 과제 중심 교수법이 대두되면서 탄생하게 되었다. 실제 맥락에서의 과제 수행과 상호작용을 통한 언어 습득에 바탕을 두고 있다.

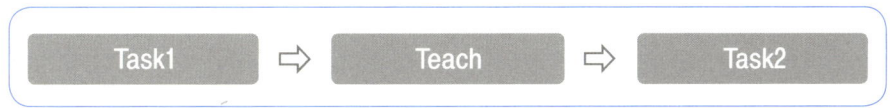

이 모형은 학습자가 의사소통 과제를 수행하는 데에 관심을 가지고 있으며, 첫 번째 'T' 과제1에서는 학습자가 자신이 가지고 있는 언어 지식을 활용하여 실세계에서 수행해야 하는 과제를 시도하게 되고, 두 번째 'T' 교수에서는 앞선 과제 수행에서 발생한 오류나 과제 수행에 기여할 수 있는 내용들을 가르치게 되고, 마지막 'T' 과제2에서는 과제1과 유사하나 보다 정교해진 과제를 수행하도록 하는 구조를 가지고 있다.

TTT 모형은 학습자의 과제 수행에 초점을 두는 교수 모형으로, 언어는 이러한 과제를 통해서 비약적으로 발달된다고 보고 있으며 유창성이 발달한 후 문법의 정확성이 발달한다고 보고 있다. 그렇기에 언어 교육은 과제를 기반으로 하여 학습자에게 풍부한 언어 자원을 제공해 줄 수 있도록 구성되어야 하며 학습자 간의 상호작용을 독려해야 한다.

3) 한국어 교실에서의 수업 모형

앞서 살펴본 수업 모형 중에 한국어 교실에서는 어떤 수업 모형을 많이 사용할까?

정답부터 이야기하자면 <u>여러분이 한국어 교실을 살펴볼 기회가 있다면 PPP 모형을 활용한 수업이 훨씬 더 많다는 것을 발견할 수 있을 것이다.</u> 그렇다면 이유는 무엇일까? 이는 한국어의 특수성과 관련이 있다. 먼저 한국어는 교착어로서 의사소통에 있어 문법적 요소들이 큰 역할을 한다. 자신이 표현하고자 하는 바를 전달하기 위해서는 조사와 어미를 적절하게 잘 활용할 수 있어야 하는데, 조사와 어미가 조금만 달라져도 그 의미가 뒤바뀔 수 있기 때문이다. 그리고 한국어는 세계인들에게 아직은 낯선 언어라 할 수 있다. 그런 점에서도 체계적으로 하나씩 배우는 것이 더 적절하다고 할 수 있다. 끝으로 한국어를 배우는 외국인 학습자들은 대체로 성인인 경우가 많은데, 성인들의 외국어 학습은 과제 수행을 통한 습득도 좋지만 원리를 중심으로 한 체계적 접근이 더 효과적인 경우가 많다고 할 수 있다.

이러한 이유들에 의해 한국어 수업에서는 보다 체계적이고 단계적인 PPP 모형에 바탕을 둔 수업을 하는 경우가 많은 것이다. 그러나 PPP 모형을 사용하는 경우가 많다고 해서 이러한 수업이 TTT 모형에 바탕을 둔 수업보다 무조건 효과적이라고는 할 수 없다. 수업은 교육의 목표와 학습자의 특성, 가르칠 내용에 따라 얼마든지 다양한 방식으로 구성할 수 있기 때문이다. 그렇다면 두 수업 모형의 장점만을 잘 활용할 수 있는 방법을 구상해 보도록 하자.

과제 16

❶ '길찾기'라는 단원을 PPP 모형과 TTT 모형에 맞춰서 교육 내용을 구성해 보자. 어떤 것이 더 가르치기에 더 효과적인가?

❷ PPP 모형과 TTT 모형의 장점을 활용하여 새로운 수업 모형을 만들어 보자.
   예시 PPT, TPPT

3 교재와 수업

실제 한국어 교육 현장에서 일어나는 수업의 단계를 살펴보면 교재의 구성을 따라가는 경우가 많다는 것을 알 수 있다. 한국어 교재는 수업 모형을 반영하여 개발되는데, 교재의 단원은 교수·학습 이론과 교수 모형을 반영하고 교수 방법적 전략을 고려하여 구성된다고 할 수 있다. 이 절에서는 한국어 교재의 단원 내 구성요소들을 따라가며 수업의 단계에 대해서 살펴보도록 하자.

해외 한국어 교육의 대표적인 기관인 세종학당에서는 효과적인 수업을 위해서 표준 교재인 「세종한국어 1~8」을 개발하여 사용하고 있다. 세종한국어의 단원 구성을 살펴보면 다음과 같다.

> 세종한국어 사례

단원 도입 – [대화1-어휘-문법-연습] – [대화2-어휘-문법-연습] – 듣고 말하기 과제 – 읽고 쓰기 과제 – 마무리(자기평가)

로 구성되어 있다.

실제 교재를 보면서 각 단계별로 어떻게 수업을 진행하면 좋을지 이야기해 보자.

① 도입

국립국어원, 2019, 세종한국어 3(증보판), 22-23p

과제 17

❖ 도입 단계에서는 어떻게 진행하는 것이 효과적일까?

- 도입에 제시된 사진 혹은 그림 자료는 수업에서 어떻게 활용할 수 있을까?
- 교재에 제시된 학습 목표는 수업에서 어떻게 활용할 수 있을까?

② 전개(대화-어휘-문법)

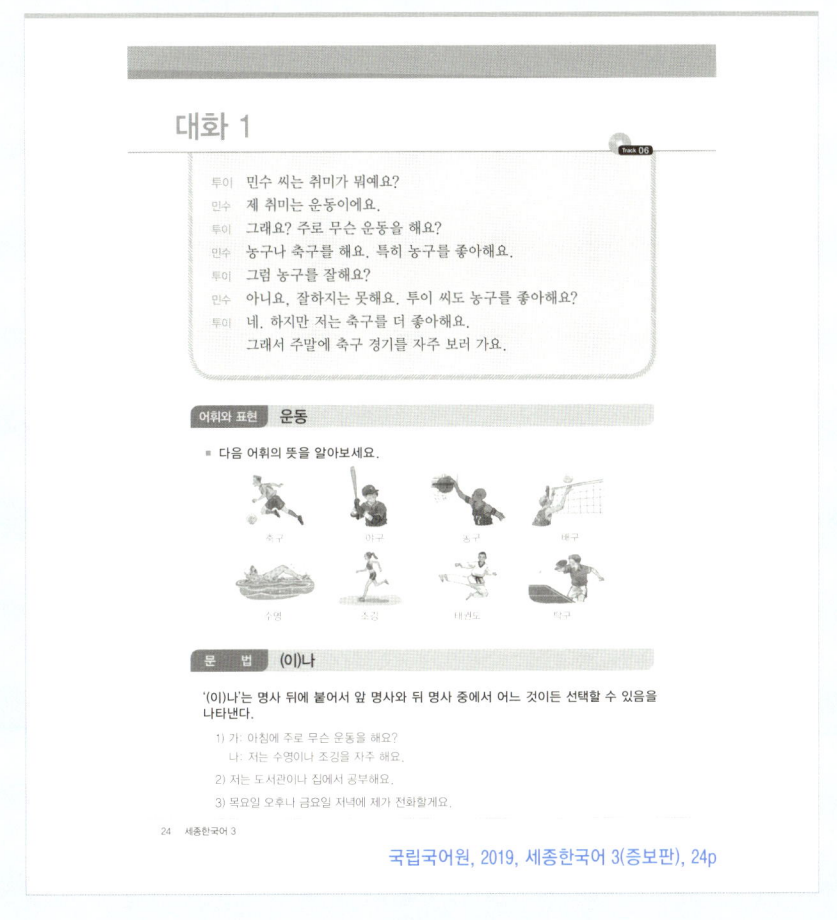

국립국어원, 2019, 세종한국어 3(증보판), 24p

과제 18

❖ 수업 내용의 중심이 되는 대화와 어휘, 문법 부분은 어떻게 진행하는 것이 효과적일까?

- 교재에 제시되어 있는 대로 대화-어휘-문법 순서로 수업을 진행하는 것이 좋을까?
- 대화 부분은 어떻게 가르치는 것이 효과적일까?
- 어휘 부분은 어떻게 가르치는 것이 효과적일까?
- 문법 부분은 어떻게 가르치는 것이 효과적일까?

③ 연습

과제 19

❖ 교재에 제시되어 있는 연습 부분은 어떻게 진행하는 것이 효과적일까?

• 연습 문제를 어떻게 진행하면 학습자들이 많은 발화를 할 수 있을까?
• 연습 문제에 제시되어 있는 보기와 그림은 수업에 어떻게 활용할 수 있을까?

④ 과제(듣고 말하기, 읽고 쓰기)

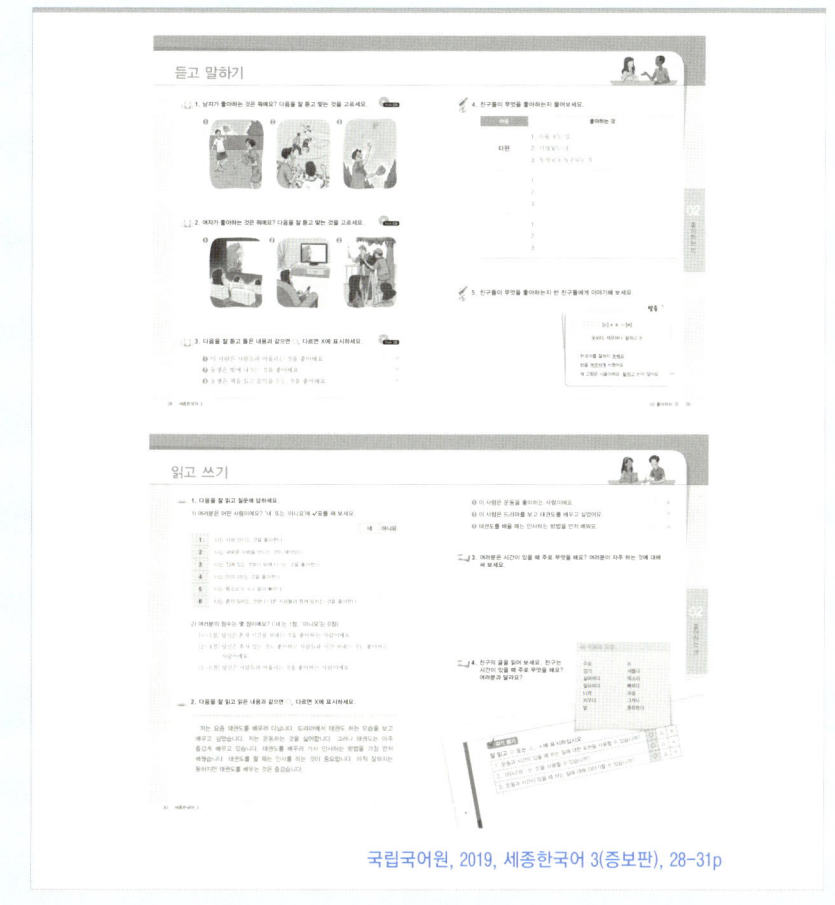

국립국어원, 2019, 세종한국어 3(증보판), 28-31p

과제 20

❖ 학습자 활동의 중심이 되는 과제(Task) 부분은 어떻게 진행하는 것이 효과적일까?

- 학습자가 과제를 잘 이해하기 위해서 과제를 어떻게 설명하면 좋을까?
- 수업에서 듣기 과제를 어떻게 진행하면 좋을까?
- 수업에서 말하기 과제를 어떻게 진행하면 좋을까?
- 수업에서 읽기 과제를 어떻게 진행하면 좋을까?
- 수업에서 쓰기 과제를 어떻게 진행하면 좋을까?

⑤ 마무리

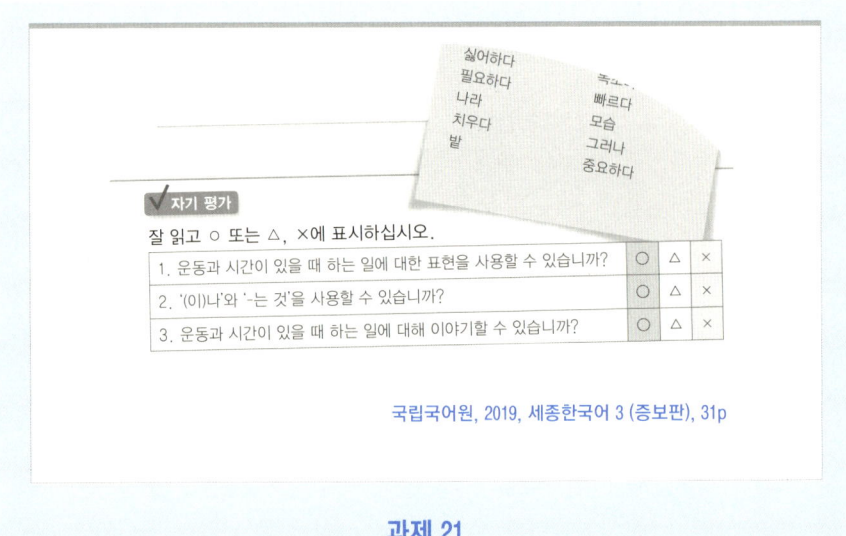

과제 21

❖ 수업의 마무리 단계에서 어떠한 지도를 해야 할까?

마무리 과제

❶ 대학 기관에서 개발한 한국어 교재들 중 세 종류를 선택하여 단원의 구성을 살펴보자. 자신이 생각할 때 가르치기 가장 좋은 교재는 무엇인가? 그 이유는?

❷ 위에서 선택한 교재의 초급 한 단원, 중급 한 단원, 고급 한 단원을 대상으로 수업의 계획을 구상해 보자. 등급에 따라 어떠한 차이가 있는가?

제Ⅱ부 한국어 교실 살펴보기

1장 한국어 수업의 발화

2장 한국어 교실 관찰

1장 한국어 수업의 발화

 **생각 열기**

❖ 한국어 교실에서 교사가 사용하는 말에 대해 생각해 보자. 다음 ❶과 ❷ 중에서 어느 것이 더 적절하다고 생각하는가? 그렇게 생각하는 이유는 무엇인가?

❶ 한국인이 사용하는 실제적 발화

❷ 교육용으로 조정된 발화

한국어 교사는 교실에서 어떤 말을 사용하는가? 한국어 수업을 위해 한국어를 어떻게 쓰는가? 이것은 예비 교사들과 일반인들이 가장 궁금해 하는 질문이다. 언어 수업의 도구로서 교사 발화는 매우 중요하다. 그 중요성을 인식하면서 한국어 교사의 발화를 살펴보자.

1 한국어 교실에서 교사의 말

교실에서 교사는 수업의 내용을 전달하고 활동을 주관하는 자이다. 그리고 교사의 말은 학습자가 교사의 질문과 설명을 이해하고, 지시 사항을 따를 수 있게 하는 주요한 도구이다. 한국어 교실에서 쓰이는 언어를 사용 목적에 따라 구별할 수 있는가?

한국어 교사의 말에는 최소한 두 가지 특징이 있다. 첫째, <u>외국어를 가르치며 모범을 보여주는 '언어 시범자로서의 말'</u>이다. 둘째, <u>교실 수업을 진행하기 위한 '수업 진행 발화'</u>이다. 한국어 교사는 이 두 가지의 특징을 알고 교실 수업을 진행하는 데 그 특징을 적절히 사용한다. 수업 내용을 전하는 한국어와, 교실 운영을 위한 한국어는 무엇보다도 그 기능면에서 크게 다르다. 그럼에도 불구하고 이 두 가지가 잘 구분되지 못하는 경향이 있는데, 특히 한국어로 진행되는 원어민 화자의 수업에서 더욱 그러하다.

한국어 교사 가운데는 한국인도 있고, 외국인도 있다. 두 유형의 교사는 한국어 교사로서 잘할 수 있는 점이 다르다. 한국어 원어민 화자가 한국어 교사인 경우, 수업을 한국어로 진행함으로써 입력을 강화하고 목표 언어 노출 빈도를 높일 수 있는 강점이 있다. 외국인 한국어 교사인 경우, 학습자의 모어와 목표언어를 두루 사용하는 이중언어 교사라는 점에서 어휘와 문법을 명확히 설명할 수 있다. 게다가 외국인 한국어 교사는 한국어를 외국어로 배워 본 경험이 있어, 학습자가 한국어의 어떤 점을 어려워하는지 알고 있다는 점에서 교육자로서 매우 유리하다. 이런 기본적인 차이점으로 인해 두 유형의 교사가 한국어를 가르치는 방법과 방향은 달라진다.

이에 대해 좀더 상술해 보자. 모든 한국어 교사는 교수 학습의 내용으로 언어활동을 진행할 때 공통적으로 한국어를 쓸 수밖에 없다. 학습 목표에 해당하는 내용(어휘와 표현, 문형, 발음 등)과 언어 기능 연습(말하기, 쓰기 등)을 할 때 교사가 학습자들에게 목표언어를 사용하는 시범을 보이기 때문이다.

그런데 교수 학습을 진행하고 교실을 운영하며, 문법을 설명하는 등의 과정에서는 교사의 언어 구사 능력과 언어 교육 철학에 따라 학습자 모어를 선택할 수도 있고 목표언어를 구사할 수도 있다. 질문과 대답, 설명과 풀이, 다양한 활동에 대한 지시를 할 때가 이에 해당한다.

외국어로서의 한국어 수업에서 어느 방법이 더 유용한지에 대한 논의를 떠나, 분명한 것은 교사가 언어 시범자로서의 한국어와 수업 진행의 한국어를 기능에 따라 다르게 써야 한다는 점이다. 교수 내용이 되는 한국어는 정확성과 자연스러운 점을 기준으로 적합성을 판단한다. 이에 반해, 교실 수업 진행을 위한 한국어는 교수 내용의 입력을 방해하지 않는 것이 그 중요한 기능이기 때문이다.

언어 수업은 새로운 언어를 배우는 과정이므로, 교사는 학습자가 이해할 수 있는 언어 범위 안에서 새로운 언어를 한 단계씩 가르치게 된다. 만약 학습자가 교사의 말을 이해하지 못하고 있다면, 곧 수업의 내용 이해나 수업 활동을 계속 놓치고 있는 것과 같다. 열정적인 교사의 발화도 '교사 혼잣말'이 되는 셈이다. 그러므로 이론적이나 실제적으로나 수업 진행을 위한 교사말은 언어 교육 내용보다 쉬운 것으로 마련될 수밖에 없는 것이다.

이런 이유로, 교사는 학습자의 이해를 돕기 위해 목표 언어를 수정하여 사용하게 된다. 학습자가 목표 언어에 익숙하지 않고 배울 내용이 어려울수록 교사의 언어 수정 기술은 더욱 절실하다. 학습자에게 교수 내용을 효과적으로 전달하고 교실에서 학습자의 의사소통 능력을 향상시키기 위해, 교사는 **모어 화자가 쓰는 실제 발화를 학습자의 수준에 맞게 조정하고 가공하여 사용**하는 것이다. 이러한 언어를 교사 언어(Teacher Talk, 교사 말/교사 말씨)라고 한다.

과제 22

❖ **다음은 예비 교사가 설계한 수업 발화의 예시이다.**

- 다음 각 예시 발화는 실습 대상자인 학습자 수준(1~2급)에 적절한가?
- 만약 교사 발화를 수정한다면 어느 부분을 어떻게 해야 하는가?
- 그렇게 생각하는 이유는 무엇인가?

예시 1 "리엔 씨는 이번 주말에 가족들이 온다고 했죠? 기분이 어떠세요?"
(1급 학습자 대상)

예시 2 "여러분, 주말 잘 보냈나요? 이번 주말에는 자기가 좋아하는 특별 활동을 하고 활동한 사진을 찍어 온라인에 올리기가 숙제였어요. 여러분들이 보내 온 취미 활동사진을 같이 보도록 해요."(1급 학습자 대상)

예시 3 "여러분, 잘 들으세요. 동사 앞에는 '잘, 많이, 아주'와 같은 부사어가 필요하고, 명사 앞에는 '좋은, 많은, 어려운'과 같은 관형어가 필요해요."(2급 학습자 대상)

　한국어를 배우려는 학생들이 자연스러운 한국어를 이해할 수 있거나, 일상 한국어를 들으면서 수업에 참여할 가능성은 거의 없다. 그러한 수준의 학습자는 한국어 교실에 오지 않기 때문이다. 한국어 학습자는 사용 가능한 어휘와 표현 측면에서 아주 제한적인 상태일 수밖에 없으므로, 원어민 화자의 일상어를 이해할 수 없는 것은 당연하다. 외국어 수업이란 이해 불가능 상태를 이해 가능하게 만들어 가는 것이다. 목표언어에 대한 이해력을 숙달도별로 갖출 때까지, 학습자는 이해 가능한 상태로 가공된 언어를 접할 수밖에 없는 것이다.

과제 23

❶ 원어민 화자의 한국어 수업과, 이중언어를 구사하는 한국어 교사가 하는 수업은 수업 진행 방식이 많이 다르다. 무엇이 얼마나 다른가?

❷ 위 두 수업의 장단점을 외국어 학습자로서의 경험을 되살려 이야기해 보라.

외국어 교실에서 교사는 학습자 수준을 넘는 목표언어로 수업을 진행하지 않는다. 언어 숙달도가 낮은 학습자와 목표 언어로 의사소통하기 위해, 교사는 언어의 형식과 기능을 학습자의 수준에 맞게 조정한다. 이 조정의 기술은 주로 속도 조절, 어휘 수준과 문장 구조의 단순화로 알려져 있는데, 이를 다음 몇 가지 차원으로 나누어 살펴보자.

첫째, <u>어휘적 측면</u>이다. 학습자가 이해할 수 있도록 설명하기 위해, 교사는 일상적인 어휘, 고빈도 어휘를 반복적으로 쓴다. 어려운 단어를 쉬운 단어로 대체하고 숙어를 회피하며, 대명사보다 명사를 사용함으로써 지시하는 바를 명료히 한다.

둘째, <u>문법적 측면</u>이다. 문장을 짧게 하여 듣는 부담을 줄이고, 문장과 담화의 구조를 단순화시킨다. 또한 현재 시제를 빈번히 사용하는 것과 같이 쉬운 문법을 사용한다. 이는 현장감을 높여 상황 맥락을 쉽게 이해하도록 하는 방안으로도 쓰인다.

셋째, <u>음운적 측면</u>이다. 숙달도가 낮은 학습자에게 교사는 발화 속도를 조절하여 느리게 전달하고, 발음을 명확히 한다. 또한 강조할 부분에서 어색할 정도로 두드러진 강세를 두어 말한다. 휴지를 빈번하게 적용하는 것도 조정 발화의 주요 특징이다.

넷째, 조정된 언어로 소통하기 위해 <u>비언어적 측면</u>의 다양한 기술이 함께 이용된다. 비언어적 표현은 언어적 표현을 보충하거나 대체하므로, 교사 언어에는 과장된 몸짓 사용과 다양한 얼굴 표현이 동반된다.

　이처럼 조정되고 가공된 발화는 학습자의 이해를 도와, 궁극적으로 학습자의 반응을 이끌어 내고 응답하는 데 기여한다. 입력되는 해석의 부담을 줄이고, 언어 사용의 기회를 확보하는 것이다. 교사 발화가 학습자의 반응과 수행 행위를 이끌어 내기 때문이다.

　언어 수업은 언어 지식을 이해하는 데서 마무리되는 과정이 아니다. 언어 수업의 목표는 의사소통이므로, 학습자의 말하기, 쓰기와 같은 표현 활동을 통해 학습 목표 달성 여부가 확인된다. 교사는 적절한 교사 말로 효과적인 상호작용을 유도할 수 있으며, 이것은 특히 학습자의 말하기 능력 향상에 큰 영향을 미친다. 언어 상호작용은 일회성에 그치는 것이 아니므로, 말하기 연습 과정에서 학습자가 지속적인 상호작용을 유지하도록 하는 것은 중요한 일이다. 학습자는 교사가 제공하는 언어 입력 유형과 질문의 유형, 학생의 대답에 대한 교사 반응 등에 따라 상호작용을 시도하거나 유지하려는 의지가 달라진다고 해도 과언이 아니다.

과제 24

❖ 언어 수업을 위해 조정된 교사의 발화에는 어떤 문제점이 있을까? 다음은 예비 교사가 한국어 수업을 참관한 후에 소감을 말한 것이다. 다음 질문에 대답을 하면서 조정된 교사 발화의 유용성과 문제점에 대해 함께 생각해 보자.

> **Q** 수업 참관을 하면서 저는 한국어 교사들의 발화가 자연스럽지 않다고 생각했습니다. 그것은 모든 교사에게서 나타나는 공통적인 사항이었는데, 아마도 학생들이 잘 알아듣도록 천천히, 그리고 분명하게 표현을 하려고 하면서 그런 현상이 나타나는 것 같습니다. 그래서인지 초급, 중급 과정에 있는 학생들이 말하는 것을 들어보면, 부자연스럽게 말하는 교사의 발화를 따라하는 느낌이 들 때도 있습니다. 한국 사람이 자연스럽게 말하는 것을 학습자가 받아들일 수 있도록 교사가 좀 더 자연스럽고 편안하게 전달하면 안 되는 것일까요? 어차피 그 학생들은 자연스러운 한국어 발화를 배워서 한국인과 자연스러운 의사소통을 해야 할 것인데, 그 말을 처음부터 들으면 더 잘 받아들이지 않을까요?

> **A**

언어 수업에서 교사와 학습자는 대화로 상호작용한다. 교사 발화는 교과 지식을 전달하는 데 그치지 않는다. 수업을 진행할 때 쓰는 한국말은 수업 내용이 아니라, 전달 도구로서의 한국어라는 점이다.

학습자와 상호작용할 때 교사의 언어는 학생이 모방을 할 대상이 되므로 바람직한 모델이 되어야 한다. 그런데 여기서 바람직한 모델이란 것이 곧 모어 화자로서의 일상적이고 자연스러운 발화를 노출하는 것은 아니다. 이것은 <u>학습자를 이해시키는 범위 안에서 언어 사용 능력 개발에 긍정적 영향을 주는 언어 상태를 뜻</u>한다. 한국어 수업은 교사와 일상생활을 한국어로 나누는 담화 시간이 아니라, 학습자의 언어 사용 능력을 개발하는 시간이다. 그러므로 교사가 할 수 있는 모든 말이 아니라, 눈앞에 있는 학습자에게 기여하는 한국어를 선별적으로 노출해 주는 것이 필요하다.

다음은 이러한 측면에서 언어 교실 발화에서 일반적으로 강조되는 주의 사항이다. 다음 내용을 통해 바람직한 교사 발화의 상태를 도출해 보자.

> ※ 언어 교사가 주의할 사항
> ① 학습자 수준에서 어려운 어휘와 표현을 사용하지 않는다.
> ② 학습 목표에 제시되지 않은 새로운 어휘와 표현을 과용하지 않는다.
> ③ 새 단어를 처음 읽게 될 때에는 발음에 유의하여 말하게 한다.
> ④ 문장을 만들 때는 조사를 확실히 붙여준다.
> ⑤ 교사가 말을 할 때에는 초급이라도 너무 천천히 하지 않도록 주의한다.
> ⑥ 주어와 서술어가 호응하는 문장으로 제시한다.

어떤 교사 발화가 적절한 것인가? 그 판단 기준은 교사 발화의 사용 목적이 무엇인지에 달려 있다. 교사의 발화 기법에 따라 학생의 수업 참여도가 달라지는 것에 대한 많은 연구는 이러한 점을 증명하고 있다. 그러므로 언어 교사는 자신의 수업 도구인 교사 발화의 방법과 기술을 개발하는 것에 대해 끊임없이 고민해야 한다.

과제 25

❖ 언어 교사가 주의할 일반적 사항(위 ※의 내용) 외에, 한국어 교실에서 교사가 주의할 발화에는 무엇이 더 있을까? 함께 이야기해 보자.

❶ _____

❷ _____

2 교사의 질문

언어 교수 학습에서의 상호작용은 언어 교환과 언어 모방의 통로가 되고, 학습자에게 언어 사용의 기회를 부여한다. 이에 언어 상호작용을 유도하는 교사의 질문에 대해 주목하고자 한다.

교사의 질문이란 의문문 형식으로 제시되는 교사의 수업 발화이다. 질문이란 알고자 하는 바에 대해 답을 얻기 위해 묻는 것이다. 그런데 교사는 학습자 참여를 이끌어 내기 위해 알고 있는 내용을 질문의 형식으로 말하기도 한다. 이것을 발문이라고 한다. 발문이란 어떤 내용을 알고 있는 사람이 모르는 사람에게 묻는 것으로, 물음에 답을 하는 과정에서 응답자가 다양한 측면에서 생각해 보도록 함으로써 스스로 정답이나 깨달음을 얻게 하는 질문 기법이다(〈교육심리학 용어 사전〉). 그러므로 발문을 준비할 때는 우선 그것을 물어야 하는 분명한 목적이 있어야 한다. 또한 학습자의 적극적인 사고를 유발할 수 있도록 자극적이어야 하며, 학습자가 이해할 수 있는 수준으로 명료해야 한다. 학습자의 언어활동에 도움이 되는 반응을 이끌어 내기 위해, 질문과 발문은 학습자의 개별적 관심과 배경을 고려하는 것이 효과적이다.

과제 26

❶ 질문에는 여러 종류가 있다. 다음 여러 가지 질문을 보고 질문하는 방법이 어떻게 다른지, 각 방법이 학습자의 대답을 이끌어 내는 데 어떠한 영향을 줄 것인지 이야기해 보자.

> **예시 1** 오늘 배운 문법, 이해했어요? 알겠어요?
>
> **예시 2** 어떤 부분이 어려워요? 왜 말하기 어려워요?
>
> **예시 3** 이 문장에서 '-니까'가 맞다고요?
>
> **예시 4** '-아서'와 '-니까' 중에서 어느 것이 맞을까요?

❷ 다음 질문 중에서 발문은 무엇인가?

> **예시 1** 사귀다, 무슨 뜻이에요?
>
> **예시 2** 여러분, 시골 알아요? 시골 들어 봤어요?
>
> **예시 3** 여러분 한국에 처음 왔을 때 힘들었어요? 왜 힘들었어요?
>
> **예시 4** 원래 안 추워요. 그런데 지금 추워요. 이것을 어떻게 이야기할까요?
> 오늘 배운 걸 사용해서 어떻게 이야기할까요?

교사 발화는 언어 학습자의 상호작용을 전제로 언어 능력을 신장시켜 준다. 만약 학습자가 교사의 질문 방식에 익숙해지면 교사의 발화 유도 방식에 대해 단조롭게 느낄 수 있다. 한정된 질문 유형만으로는 학습자들의 적극적인 참여를 유도하기 어렵다. 학습자의 언어 사용 기회를 확보하기 위해, 교사는 다양한 질문을 적절한 시기에 할 수 있는 기술을 익히는 것이 필요하다. 문법이나 어휘 등 언어 지식을 확인하는 것 이상으로, 다양한 질문을 하는 것도 교사가 할 수업 준비이다. <u>수업의 내용과 기능에 맞는 다양한 질문을 만들 수 있는 것</u>이야말로 초보 교사가 경력 교사로 나아가는 길이다.

이와 더불어, 교사 자신이 자주 쓰는 질문 방식을 알고 있다면 수업 개선에 크게 도움이 될 것이다. 교사 질문이 반복적인 몇 가지에 한정된다면, 그 질문이 원래 기능에 맞는 것인지 거듭 확인하고 수정해 가야 한다. 습관은 스스로 인지하지 못하는 영역에 있다. 그러므로 한국어 교사가 교실에서 언어를 효율적으로 사용하도록, 수업 습관에 대한 자기 성찰이 필요하다.

※ 한국어 수업에 적절한 질문 만들기
- 목표 표현을 말하게 하는 질문
- 학습자의 경험을 이끌어 내는 질문
- 학습자의 언어 수준에 맞는 질문
- 사용 상황에 맞는 답을 이끌어 내는 질문
- 열린 질문과 닫힌 질문이 기능에 맞게 적절히 사용된 질문

과제 27

❖ 언어 수업에서 개인을 상대로 한 질문 내용에는 개인 정보가 활용되기도 한다. 다음은 예비 교사가 학습자에게 질문을 생성하는 과정에서 겪는 어려움을 말한 것이다. 다음 질문에 대답하면서 질문의 방법에 대해 함께 생각해 보자.

> **Q** 언어 수업에서 학습자가 지닌 속성을 고려한 예문과 질문 생성은 매우 중요하다고 배웠습니다. 아주 작은 배려가 교사와 학습자 사이의 교감 정도를 상승시킬 수 있을 것으로 생각됩니다. 교사와 학습자의 상호작용이라는 면에서 학습자의 생활을 중심으로 한 예문 생성이나 질의 응답 방식이 좋은 교수 방법으로 보입니다.
>
> 그런데 학습자의 개인 정보를 활용하는 질문이 부정적으로 작용하는 예가 없을까요? 다른 문화권에서 온 학습자들은 개인 정보에 관심을 가진 한국 사람들의 질문에 예민하게 반응하는 것을 봤습니다. 만약 학습자 개인 정보를 활용하지 않는다면 무슨 내용으로 질문을 하나요? 이런 면이 걱정이 됩니다.
>
> **A**

3 외국인 말씨의 장점과 단점

원어민 화자가 언어숙달도가 낮은 외국인에게 말할 때 사용하는 언어적 특징이 있다. 정상 대화보다 과장된 발음, 느린 속도의 말투, 큰 목소리 사용, 단순화된 문법이나 어휘 사용, 표현의 반복과 재언급 등이 그것이다. 이를 '외국인 말씨' 혹은 '외국인의 언어'라고 한다.

외국인 말씨(Foreigner Talk)란 외국인의 이해를 돕기 위해 모어 화자가 외국인처럼 말하는 것을 이른다. 이것은 모국어를 습득하는 어린이에게 이해 수준에 따라 조정된 '보모언어(caretaker speech)'와 유사한 면이 있다. 그런데 외국인 말씨는 실제 외국인의 말투를 의미하는 것이 아니라, 외국인의 말이라고 기대하는 모어 화자의 생각에서 비롯되는 것이다.

과제 28

❖ **한국어 교사는 외국인 학습자와 소통하는 과정에서 종종 외국인 말씨를 사용한다. 다음과 같은 외국인 말씨를 보고 질문에 답해 보자.**

- **예시 1** 학비, 학비, 공부해요 우리 돈 (몸짓으로 '내요').
- **예시 2** 지각하다. 수업에 늦어요, 지각하다예요.
- **예시 3** 오전 9시인데 계속 잠을 자요, 늦잠을 자요.

❶ 외국인 말씨의 장점은 무엇인가?

_____

❷ 외국인 말씨의 단점은 무엇일까?

교사의 외국인 말씨 사용례는 언어적 표현과 준언어 및 비언어적 표현으로 나누어 알아볼 수 있다. 첫째, 언어적 표현이란 어휘와, 어휘를 구조적으로 적법하게 결합한 문장으로 나타나는 의미 작용을 이른다. 둘째, 반언어(semiverbal)란 음의 높낮이, 빠르기, 크기 등 언어적 표현과 분리된 음성적 요소이다. 언어적 표현과 분리되나, 언어적 표현에 실려야만 실현될 수 있으며, 언어적 표현과 마찬가지로 변별적 기능을 가지므로 이를 언어에 준하는 준언어(準言語)라고도 한다. 셋째, 비언어(nonverbal)란 말 그대로 언어적 표현과 독립적인 요소이다. 몸짓, 눈짓, 표정과 자세를 비롯하여 의상과 소품까지, 의사소통에 영향을 미칠 수 있는 언어 외적인 모든 요소를 이른다. 이를 활용한 외국인 말씨의 사용례를 살펴보자.

먼저 <u>교사는 어휘를 설명하기 위해 외국인 말씨를 사용</u>한다. 어휘의 경우에는 어휘 풀이, 어휘의 특징 제시를 위해 주로 사용된다. 외국인 말씨는 풀이할 어휘의 사전적 의미보다 어휘의 특징을 설명하는 즉흥적인 순간에 더 많이 사용되는 경향이 있어, 설명 대상과 내용이 맞지 않을 때도 있다. 어휘를 풀이하다가 학습자 수준을 넘는 표현이 필요할 때에는 지시어로 대체되기도 하며, 지시어로 부족할 때에는 동작이 동반되기도 한다. 다음은 수업 관찰 중에 어휘를 설명하기 위해 교사가 사용한 외국인 말씨의 실례를 그대로 옮긴 것이다.

> **어휘**
>
> ※ **어휘의 의미**를 풀이하는 방법
> - 바다낚시, 낚시 알아요? 물고기를 바다에서 잡아요.
> - 차가 많이 많이 있어요. '길이 막히다'
> - 손빨래... 손으로 이렇게 빨래하는 것.
>
> ※ **어휘의 특징**을 설명하는 방법
> - 낙지볶음 알아요? 한국 음식이에요. 매워요. 많이 맵습니다.
> - 한복을 진짜 봤어요? 사진 아니에요.
>
> ※ **지시어**를 사용하는 방법(몸짓이 함께 동반됨)
> - 사진을 이렇게(손들고 뛰면서) 찍어 봤어요?
> - 책을 같이 봐요. 모르는 단어 있으면 이렇게(손으로 원을 그리면서) 합니다.

　다음으로 문법 설명을 위해 외국인 말씨를 이용한다. 주로 문장 구조 단순화 및 주요 문장 반복을 기본적으로 쓴다. 반복에는 구절 반복, 문장 반복, 핵심 어휘 반복이 있다. 그런데 교착어인 한국어 수업에서는 동사와 형용사를 기본형으로 제시하는 방법이 자주 쓰일 수밖에 없다. 또한 동사 형용사의 어미를 생략하거나 반복되는 서술어를 생략하는 방법도 자주 나타난다. 문법을 설명하다가 이해 정도를 중간 점검하는 과정에서 이 말투가 쓰이는 예도 쉽게 찾을 수 있다. 다음은 수업 관찰 중에 문법을 설명하는 데 교사가 사용한 외국인 말씨의 실례를 그대로 옮긴 것이다.

문법

※ **복문을 단문으로** 나누기
- 선생님에게 질문합니다. 그러면 선생님이 대답합니다. 지금 생각합니다. 30초 줍니다. 생각하세요.
- 앤디 씨가 왜 늦었어요? 우리 들어보고 대답합니다.

※ 동사와 형용사의 **기본형을 제시하기**
- 필통을 가방에 넣다, 넣어요. 이거는 꺼내다, 꺼내요.
- 00 씨 오늘 학교에 안 와요. 결석하다. 결석했어요.

※ **반복하기**
- 여러분이 약간 다르게 바꾸어도 괜찮아요, 바꾸어도 괜찮고
- 보고 읽어도 돼요, 쓴 거 보고 읽어도 돼요.

※ **생략하기**
- 지금 봄? 여름? 여름.
- 받침이 없어요, 려고. 받침이 있어요, 으려고.

※ **점검, 확인하기**
- 이게 뭐예요, 알아요? 김치...
- …을까요 우리 공부했어요, 기억나요?

또한 반언어와 비언어적 표현이 동반된 외국인 말씨도 자주 쓰인다. 반언어적 표현의 방법으로 주로 이용되는 것은 속도와 크기를 조절하거나 발음을 과장되게 하는 것이다. 한편 비언어적 표현으로 몸짓이 동반된다. 다음은 수업 관찰 중에 교사가 사용한 반언어와 비언어적 표현의 실례를 그대로 옮긴 것이다.

> **반언어**
>
> ※ 속도와 크기 조절
>   - 우리 배우지 않았지만 다 알아요.(강조, 느리게)
>
> ※ 특정 발음 과장
>   - 누구에게 상담을 했어요? 상담 선생님에게 이야기했어요.(강조, 천천히)
>
> **비언어**
>
> ※ 동작을 동반함
>   - ○○ 씨는 전화했어요.
>   - 필통을 가방에 넣다, 넣어요. 이거는 꺼내다, 꺼내요.
>   - 빈칸에 써 보세요.(손동작, 과장 발음))

지금까지 외국인 말씨가 교수 내용과 관련된 실례를 살펴보았다. 그런데 이러한 외국인 말씨는 교수 내용을 설명할 때보다 수업 진행 과정에서 더 많이 쓰이는 경향이 있다. 언어활동을 이끌어 가고 학습 참여를 지시하거나 독려하는 데 더욱 기여하는 것이다. 수업 진행을 위한 외국인 말씨로 교사가 자주 보이는 실례로 다음과 같은 것이 있다.

> 예) 이거 맞아요? 틀려요? 문장 7개 있어요. 찾으세요.
> 여기까지 잘 모르겠어요, 있어요?

이와 같이 외국인 말씨는 설명하려는 언어의 발음 정보, 문법 정보 및 의미 정보를 제공한다. 학습자 모어와 교사의 언어가 다를 때 소통을 위해 흔히 등장하는 제3의 매개언어, 중간언어 등과 같이 외국인 말씨는 수업을 진행하는 데 메타언어적 기능을 하는 것이다.

외국인 말씨는 언어 교실에서 도움을 주는 것으로 인식되고 실제로 그렇게 활용되지만, 이것이 항상 긍정적인 영향을 주는 것은 아니다. 외국인 말씨가 교사와 학습자의 언어를 변형시키기 때문이다. 외국인 말씨는 <u>초급 학습자를 대상으로 어휘와 문법을 풀이하는 데 필요한 기술</u>로 쓰이지만 학습자의 <u>목표 언어로서의 온전한 형태가 아니다.</u> 또한 린치(Lynch, 1988b)에서는 제2 언어 성인 학습자들을 대상으로 한 연구 결과에서 '명백성을 과도한 정도로 만들어내는 호의적인 토박이 화자'는, 제2 언어 청자를 '얕잡아 말하는'(talking down) 듯이 보일 우려가 있음을 보고하였다. 이는 성인 학습자를 대상으로 하는 한국어 교육에서 유의할 점을 시사한다.

실제로 외국인 말씨는 교사가 언어 수업에서 자연스러운 담화를 유도하는 경우에는 잘 등장하지 않는다. 또한 중급 이상에서도 필수적인 발화 기술에 해당하지 않는다. 외국인 말씨가 외국인에게 쉬울 것이라 보고 배려에서 나오는 말인 만큼, 그 사용 여부를 결정하는 것은 오히려 교사의 개인적 성향이 더 크게 작용한다는 보고도 있다. 수업 관찰 결과, 교사별로 외국인 말씨를 특정 용도에 집중적으로 사용하는 경향이 있었으며, 정작 사용자는 이를 스스로 인지하지 못하고 있는 것으로 보였다.

목표가 없는 외국인 말씨는 사용해야 할 당위성이 없다. 교사는 자신의 수업 언어를 알고 개선하는 노력이 필요하다. 언어 사용 점검표나 체크리스트를 활용하여 어느 항목에서 필요 이상의 외국인 말씨 적용례가 많은지 점검해 보는 것이 이러한 문제를 개선하는 데 한 방안이 된다.

마무리 과제

❶ 다음 각 경우에, 한국어를 배우려는 학습자에게 한국어를 어떻게 사용하며 소통해야 할까? 다음 A~F 중 하나의 환경에서 가르친다고 가정하고, 그 환경에서 적절한 소통 방식에 대해 말해 보라.

	교사 언어	학습자 언어	학습 환경	경우
한국어 수업	한국어	단일언어 사용자 그룹	한국 내	A
			국외 현지	B
	학습자와 동일 언어	다양한 언어 사용자들의 집합	한국 내	C
			국외 현지	D
	제3의 매개 언어	다양한 언어 사용자들의 집합	한국 내	E
			국외 현지	F

❷ 다음은 예비교사가 문형을 설명하는 내용을 적은 지도안의 한 부분이다. 교사 발화로 적절하지 않은 부분이 있다면 그것이 무엇인지, 어느 부분을 수정하면 좋은지 다음 체크리스트를 보면서 의견을 나누어 보라.

> **예시** 설명할 문형: -기 때문에
>
> [교사 발화] 여러분, '기 때문에'는 앞의 내용이 뒤에 오는 일의 원인이나 까닭임을 나타내는 표현이에요. '이다', 동사와 형용사 또는 '-으시-', '-었-' 뒤에 붙여 써요. 예를 들면, 사람들의 성격이 다르기 때문에 좋아하는 것이 다르다고 할 때 써요.
>
>   이것은 '-아/어서'와 비슷하지만 달라요. '-아/어서'는 이유나 근거를 나타내는 연결 어미예요. 예를 들면, '수지는 어제 잠을 못 자서 하루 종일 피곤했다.', '민우는 잃어버린 지갑을 찾아서 무척 기뻤다.'와 같을 때 써요. 그렇지만 '아/어서'는 이유나 근거를 나타내요. 두 가지가 어떻게 다른지 아시겠어요? 그럼 적절한 문장을 만들어 보도록 하세요.

- 체크리스트 -

번호	항목	O / X	수정 방향
1	학습자 수준에 맞는 언어를 사용하고 있는가?	O / X	
2	설명하는 내용이 학습자에게 이해 가능한가?	O / X	
3	외국인 말씨를 쓰고 있는가?	O / X	
4	학습자에게 질문을 적절히 하고 있는가?	O / X	
5	학습자가 할 활동을 명확히 제시하고 있는가?	O / X	
6	학습자의 반응을 확인하고 있는가?	O / X	

2장 한국어 교실 관찰

 **생각 열기**

❶ 다른 사람에게 자신의 수업을 공개해야 한다고 하면 어떤 마음이 드는가? 공개하고 싶지 않다면 그 이유는 무엇인가?
❷ 다른 교사의 한국어 수업을 관찰할 기회가 있다면 어떤 수업을 보고 싶은가?

한국어 교실을 관찰해야 하는 이유는 무엇일까?

한국어를 가르치는 전문가가 되기 위해서는 교생 실습과 같은 교육 현장에서 관찰하고 배우고 연습해 보는 과정이 꼭 필요하다. 전공 교과목을 통해서 전공 지식과 교수 학습의 원리를 배우기는 하지만 강의실에서 배우는 내용만으로 현장의 모습을 예측하기란 어렵다. 이론과 실제는 매우 밀접하면서도 상호보완적인 관계이기도 하나 아직 경험이 부족한 예비 교사들에게는 이론을 배우는 강의실과 현장의 거리는 너무도 멀게 느껴질 수 있다.

이러한 현장의 모습을 배울 수 있는 과정이 바로 한국어 교육 실습 과목일 것이며, 본격적인 현장에서의 첫 번째 교육은 숙련된 교사의 수업을 참관하는 것에서부터 시작될 것이다.

교육 현장에서 수업을 관찰하는 데에는 여러 목적이 있을 것이다. 프로그램을 관리하는 하는 책임자의 입장에서는 수업이 잘 운영되고 있는지 평가하기 위해서 할 수 있으며, 수업에 어려움을 겪는 교사에게 실질적인 도움을 주기 위해서 수업을 참관할 수도 있을 것이다. 초보 교사의 입장에서는 숙련된 교사의 수업을 참관하여 자신의 부족함을 채우고 교실 운영의 노하우를 얻을 수 있을 것이다. 또한 예비 교사의 입장에서는 수업의 절차와 교수·학습의 과정, 교사의 발화, 학습자의 반응 등 한국어 수업을 운영하기 위한 훈련의 과정으로 참관이 필요할 것이다.

본 장에서 다룰 한국어 수업 참관은 예비 교사로서 수업을 운영에 필요한 역량을 키우기 위한 것이라고 하겠다.

그렇다면 한국어 수업을 잘 살펴보기 위해서는 어떤 것을 준비해야 할까? 아무런 준비 없이 한국어 수업을 참관하게 된다면 교사의 수업 기술에 시선이 갈 수도 있으며, 수업에 집중하는 학생과 반대로 그렇지 않은 학생, 칠판에 판서한 내용 등 여러 종류의 장면과 정보가 한 번에 머릿속으로 들어와 수업에 대한 막연한 이미지만 남기게 될 수도 있다. 물론 이러한 교실 관찰을 통해서 수업 운영의 직관을 기를 수도 있을 것이다. 그러나 다른 교사의 수업을 볼 기회가 쉽게 오지 않는 만큼 많은 것을 배우기 위해서는 먼저 관찰의 초점을 정할 필요가 있다. 본 장에서는 수업의 흐름, 교사, 학습자, 교수-학습 매체로 나누어 교실을 관찰해 보도록 하겠다.

1 수업 흐름

시간의 흐름에 초점을 두고 한국어 수업을 관찰하면 수업의 구조가 파악된다. 거시적인 관점에서 모든 종류의 수업은 전반부와 중반부 그리고 후반부로 나누어지는데, 한국어 수업을 관찰할 때에도 이렇게 전반부, 중반부, 후반부로 나누어서 살펴보면 효과적이다.

이러한 시간의 흐름에 따라 수업을 따라가다 보면, 수업의 전반부에서 교사는 어떻게 도입을 하며 학습자들은 어떻게 수업에 참여할 준비를 하는지, 수업의 중반부에서는 교사는 어떤 내용을 중심으로 가르치며 학습자는 어떤 활동을 실시하는지, 수업의 후반부에서는 교사는 어떻게 수업을 마무리하며 학습자들은 자신이 배운 내용을 어떻게 확인하는지 등을 살펴볼 수 있을 것이다. 그리고 이러한 거시적인 흐름을 살펴보며 수업 설계가 잘 되었는지 단계별 시간 분배와 비중은 적절한지 등을 평가해 볼 수 있을 것이다.

수업 구조		
전반부	중반부	후반부
도입, 대화 듣기 활동 등	대화, 문법 설명, 어휘 설명, 언어기술(듣기, 읽기, 말하기, 쓰기) 활동 등	학습내용 확인 활동, 마무리 등

수업의 거시적인 구조를 관찰하는 데에 익숙해졌다면 이번에는 좀더 미시적인 구조에 초점을 맞춰보도록 하자. 수업의 중반부에서는 교사 주도의 설명에서부터 학습자 주도의 활동에 이르기까지 다양한 교수-학습 활동이 실현되는데, 각각의 활동들을 살펴보면 거시적 구조와 마찬가지로 전, 중, 후 구조를 갖추고 있다는 것을 알 수 있다. 이러한 각각의 활동을 세밀하게 관찰해 보면 활동을 시작하기 전에 교사는 어떤 방식으로 학습자들에게 활동을 이해시키는지, 활동을 하는 중에는 어느 정도의 개입을 하고 학습자에게 어느 정도의 자율권을 주는지, 활동을 마무리하는 단계에서는 어떠한 피드백을 주는지 등 각각의 단계에서 자연스럽게 잘 진행이 되는지에 대한 평가를 해 볼 수 있을 것이다.

활동 구조		
전반부	중반부	후반부
활동 설명, 시범 등	교사 통제 활동 ⇒ 학습자 자율 활동 등	피드백, 확장 등

2 교사 언어

시간의 흐름에 따라 수업의 구조와 각 수업 단계에서 실현되는 활동의 절차에 초점을 두고 수업을 관찰을 하다 보면 수업의 각 단계를 이끌어 가는 것은 교사라는 것을 알 수 있다. 수업의 단계 설정과 시간 배분, 내용 비중 등을 잘 구성하였다고 하더라도 교사의 능력에 따라 수업 진행의 질이 달라진다. 그런 점에서 교실 관찰에서 또 하나 초점을 두어야 하는 것은 바로 교사의 언어이다. 다음 항목을 참고하여 교사의 언어에 초점을 두고 관찰해 보자.

- 수업 시간 중 교사의 발화량은 적절한가?
- 교사는 문법과 어휘를 설명할 때 학습자가 이해 가능한 수준의 언어를 구사하는가?
- 교사는 학습자의 응답을 끌어내기 위해 어떻게 질문하는가?
- 교사는 활동을 어떻게 설명하고, 학습자가 참여하도록 독려하는가?
- 교사는 학습자의 응답에 어떠한 방법으로 피드백을 해 주는가?
- 교사는 학습자가 수업에 적극 참여하도록 어떻게 독려하는가?

교사의 언어를 관찰하다보면 똑같은 수업 내용도 더 재미있고 효과적으로 진행되는 수업이 있고 반대로 다소 어렵고 학습자가 참여하기가 어렵게 진행되는 수업이 있다는 것을 알 수 있다.

3 학습자

한국어 수업은 외국어를 학습하는 과정으로 학습자의 이해와 반응 통해 수업의 성취를 판단할 수 있다. 이러한 점에서 본다면 학습자의 행위는 교실 관찰에서 중요한 요소라 할 수 있다. 학습자에 대한 관찰과 교사에 대한 관찰과 함께 이루어질 때 보다 효과적인 수업 참관이 될 것이다. 다음 항목을 참고하여 학습자의 모습을 관찰해 보자.

- 학습자들은 수업에 집중하는가?
- 교사의 설명에 학습자들은 어떤 방식으로 이해 여부를 표현하는가?
- 이해가 되지 않는 상황에서 어떠한 방식으로 질문하는가?
- 개인 활동, 짝 활동, 그룹 활동 등에 적극적으로 참여하는가?
- 동료 학습자와 어떻게 소통하는가?

교실에서 학습자의 모습을 중심으로 관찰하다 보면 학습자가 수업에 몰두하는지, 교사의 발화에 이해를 한 반응을 보이는지, 교수 학습 활동에 적극 참여는 하는지, 동료 학습자들과는 어떻게 소통하는지, 내성적이고 소극적인 학습자인지, 활달하고 외향적인 학습자인지 등 교실 속 학습자의 다양한 모습과 특성을 발견할 수 있다.

4 교수-학습 매체

한국어 수업을 진행하는 데에 있어 많은 기여를 하는 것은 바로 교재와 학습 활동지 같은 교수-학습 매체라 할 수 있다. 교재는 교사와 학습자를 연결해 주고 중요한 교육 내용을 명시적으로 보여줌으로써 교사에게는 수업 진행의 지침을, 학습자에는 한국어 학습과 내면화의 기회를 제공한다. 다음 항목을 참고하여 한국어 수업의 교수-학습 매체는 중심으로 교실 관찰을 해 보자.

- 교재의 내용은 학습자의 수준에 적합한가?
- 판서가 된 내용을 학습자들이 이해하기 쉽게 작성되었는가?
- 교재에 나온 활동은 학습자들이 수행하기에 적합한 것인가?
- 학습자에게 제공된 학습지는 적당한 분량과 적절한 내용으로 구성되어 있는가?

교재, 학습지, 판서 등의 교수-학습 매체를 살펴보면, 교사의 설명을 돕고, 학습자의 목표 발화를 이끌며, 교사와 학습자 간, 학습자와 학습자 간의 소통을 활성화시켜 주는 역할을 한다는 것을 알 수 있다.

학습자는 교사의 글자 모양을 따라 쓰는 경향이 있다. 따라서 판서를 할 때는 한글 자모의 획순에 맞게, 정자체로, 모든 학습자가 알아볼 수 있는 크기로 적는다.

5 강의 참관 일지

한국어 교실을 보다 효과적으로 관찰하기 위해서 위의 네 가지 요소에 대해 생각하고 관찰의 초점을 설정하였다면 이번에는 자신이 관찰한 내용을 기록하는 방법에 대해 살펴보자.

다음 한국어 수업을 참관한 한 예비 교사의 일지를 살펴보자.

	강의참관 일지					
참관일	년 월 일(요일)			현장 실습 지도자 확인		(서명 또는 인)
	일시	참관 시간	참관 급수	강의 교수	참관 장소	

참관 내용	- 출석 체크 - 받아쓰기 준비함. 문법 복습(-기 때문이다) - 교재의 대화를 같이 읽으며 말하기의 어휘와 표현을 복습(방값이 싸다 등) - 받아쓰기를 통한 어휘 복습 순서로 수업 활동을 도입 - 형용사를 칠판에 제시하고 제시된 형용사만 외우고 사용하도록 교육 - 학생 두 명이 지각 - 받아쓰기 하지 않은 학생에게 교사가 주의를 주며 화를 좀 냄 (평소 점수에서 감점 받는다고 이야기함) - PPT를 통해서 본문을 보여주고 오늘 배울 문법을 설명 - 학생들에게 필기하도록 시키고 세 번 따라 읽음 - 연습활동을 할 때 지겨워하며 하품하는 학생이 있었음 - 학습자가 한 연습활동을 교사가 시킴 ......(중략)......

참관 소감	

과제 29

❶ 위의 참관일지를 보며 어떤 문제점이 있는지 생각해 보자.

❷ 참관일지를 어떻게 써야 예비교사로서 도움을 얻을 수 있을지 생각해 보자.

참관 일지는 자신이 관찰한 한국어 수업을 잘 기록해야 하는데, 참관일지만 보더라도 그 수업의 장면이 그려질 수 있도록 구체적이고 상세하게 기록하는 것이 중요하다. 그러기 위해서는 우선 참관일지에 수업의 구조와 흐름이 잘 드러나야 하며, 앞서 언급한 교사의 발화는 어떠한지, 어떠한 교수-학습 매체를 사용하였는지, 이에 대한 학습자의 반응은 어떠하였는지가 상세히 기술되어야 한다. 그리고 자신이 관찰한 장면을 객관적으로 기록해야 하는데, 객관적으로 기록한다는 것은 자신의 판단은 배제하고 현상에 초점을 둔다는 것이다. 예를 들어 위의 참관 일지를 보면 교사가 화를 냈다거나 학생들이 지겨워 하품을 하는 학생이 있었다고 기록되어 있다. '화를 냈다'거나 '지겨워했다'고 하는 것은 객관적 사실이 아닌 기록자의 판단과 해석이라는 것을 알 수 있다. 이러한 장면은 '교사는 지각한 학생들에게 주의를 주었음', '활동 시간에 하품을 하는 학생이 있었음' 등과 같이 보다 객관적 기술을 할 필요가 있다.

한국어 수업을 참관하고 일지를 쓰는 것은 다른 교사의 수업을 객관적으로 분석하여 장점을 배우고 단점은 지양하기 위함이라 할 수 있다. 이러한 점을 염두에 두고 예비교사로서 자신에게 도움이 되는 요소를 반영하여 참관일지를 작성해 보자.

마무리 과제

❶ 자신의 수업을 영상으로 촬영하여 수업을 관찰하고 참관일지를 작성해 보자.

❷ 자신이 작성한 참관일지를 보며 교사로서 계획했던 수업과 실제 진행한 수업에는 어떠한 차이가 있었는지 이야기해 보자.

제Ⅲ부 한국어 수업 해 보기

1장 교수-학습 지도안 작성

2장 모의 수업과 평가

1장 교수-학습 지도안 작성

 **생각 열기**

❶ 교수-학습 지도안은 왜 작성해야 하는가?

❷ 교수-학습 지도안을 통해 무엇을 알 수 있어야 하는가?

❸ 교수-학습 지도안은 어떻게 작성하는가?

한국어 교사 임용 과정에서 지원자가 교수-학습 지도안을 제출하고 시범 강의를 하는 것이 필수 절차가 된 것은 왜일까?

수업을 설계하고 운영하는 주체는 교사이며, 교사의 수업은 흔히 교수-학습 지도안이라고 하는 차시 단위 수업 계획서를 통해 예측할 수 있기 때문이다. 잘 짜인 대본이 연극의 성패를 좌우하는 것처럼 지도안도 수업의 성패를 가늠하는 척도인 것이다.

한국어 교사로 첫발을 내딛기 위한 핵심 요건이 된 지도안의 교육적 가치와 유형을 알아보고, 지도안을 작성해 보도록 한다.

1 지도안의 교육적 가치

교사에게 교수-학습 지도안은 수업의 교육적 효과를 높이기 위한 <u>수업의 견인차 역할</u>을 한다. 지도안의 역할은 구체적으로 다음과 같다.

첫째, 지도안은 교사가 수업 목표를 달성할 수 있도록 수업의 방향을 설정한다.

둘째, 교재가 표준적인 교육 자료라면, 지도안은 교사가 실제 교육 현장의 환경적 변인, 학습자 변인을 고려하여 교재를 생동적이고 융통성 있게 활용하도록 안내한다.

셋째, 동일 단계의 학급이 다수이거나 한 학급을 여러 교사가 담당해야 하는 경우, 지도안은 교사에 따라 학습자에게 달리 적용될 수 있는 교육 내용 및 방법을 일관성 있게 유지하도록 한다.

넷째, 여러 교사의 <u>다양한 교육 경험과 노하우</u>가 담긴 지도안은 교육 내용과 방법을 구체적이며 체계적으로 보여주므로 초보 교사의 수업에 대한 불안감을 감소시킬 수 있다.

과제 30

❶ 한국어 교재와 교수-학습 지도안의 차이점은 무엇인지 생각해 보자.

❷ 교수-학습 지도안에 어떤 내용이 들어갈 수 있을까?

2 지도안의 유형

한국어 수업을 위한 지도안은 교육 내용과 방법을 담은 수업의 운영 계획서이다. 한국어 교수-학습 지도안이라고 하면 일반적으로 차시 단위 수업 계획서를 의미하지만, 한국어 교육 기관에 따라 학기 단위나 주 단위로 지도안을 설계하기도 한다.

1) 학기 단위 지도안

학기 단위 지도안은 한 학기 동안 누가, 누구에게, 무엇을, 왜, 언제, 어디에서, 어떻게 가르칠지를 개괄적으로 기술해 놓은 것이다. 대학에서는 일반적으로 학기 시작 전에 학습자에게 강의계획서를 공지하여 학습자의 수강 신청을 돕는 데 활용된다.

한국어 교육에서는 이런 강의계획서를 어디에서 찾아볼 수 있을까? 대학 부속 한국어 교육 기관의 홈페이지에 들어가 보자. 다소 차이가 있기는 하지만, 기관의 한국어 교육 목표, 한국어 등급별 수업 목표와 내용, 학급당 수강 인원, 문화 수업 등을 홈페이지에 공지하고 있다. 한국어를 배우려는 학습자가 한국어 교육 기관을 선택할 때 도움을 주기 위한 정보인데, 일종의 학기 단위 지도안의 구실을 하고 있다.

한국어 학습자는 한국어 교육 기관을 선택한 후에는 배치 평가를 거쳐 한국어 등급이 정해지기 때문에 학습자가 교과목을 스스로 선택할 기회는 많지 않다. 또한, 학습자는 자신의 한국어 등급에 적합한 교재로 한 학기 동안 학습하기 때문에 교재의 일러두기 및 교재 구성표에 기술된 교육 목표, 내용, 방법, 단원별 구성이 그대로 학기 단위 지도안의 역할을 하기도 한다.

한국 대학의 교환학생을 위한 다음의 강의계획서도 학기 단위 지도안으로 활용된다.

강의계획서

교과목명	초급 한국어	학점	3학점
수업 시간	월, 수, 금 10:00~12:00	강의실	종합강의동 101호
담당	김세종	연구실	종합강의동 201호
수업 소개	이 강의는 한국어를 처음 배우는 교환학생을 대상으로 한 초급 한국어 강의이다. 국제 통용 한국어 표준 교육 모형의 1급 수준에 해당되는 기본적인 한국어 어휘와 문법을 배우고, 실제적인 과제를 통해 말하기, 듣기, 쓰기, 읽기 등의 의사소통 활동을 수행하도록 한다. 유창성과 정확성이 균형을 이룬 한국어 의사소통 능력을 배양하며, 문화 상호주의적 관점에서 한국 사회와 문화를 올바르게 이해하도록 한다.		
수업 목적	일상생활에서 자주 접하는 기본적 화제에 대해 초급1 수준의 한국어로 한국인과 의사소통할 수 있다.		
교재	세종한국어 1 증보판 (세종학당 표준 한국어 교재, 국립국어원(2019))		
평가 방식	중간시험 30%, 기말시험 30%, 과제 30%, 출석 10% 시험 : 역할극, 지필시험 과제 : 연습문제 출석 : 결석률이 25% 이상인 학생은 학점 취득 불가(교육부 지침)		

주요 수업 내용

주차	주제	의사소통 기능	어휘/문법
1주차	강의 소개, 한글 자모		
2주차	자기소개	인사하기, 자기소개하기	국적, 직업 이에요/예요, 은/는
3주차	일상생활	일상생활에 대해 묻고 답하기	동작, 장소 -아요/어요, 에 가다
4주차	위치	물건의 위치 이야기하기	물건, 위치 이/가, 에 있다/없다
5주차	물건 사기1	숫자 읽기, 요청하기	쇼핑할 물건, 한자어 수 을/를, -(으)세요

주차	주제	학습 목표	문법/어휘
6주차	물건 사기2	개수 말하기, 물건 사기	고유어 수, 단위명사 -ㅂ니다/습니다, -ㅂ니까/습니까, 하고
7주차	어제 일과	과거에 대해 이야기하기	동작, 장소 -았/었-, 에서
8주차		중간시험	
9주차	날씨	계절과 날씨에 대해 이야기하기	계절, 날씨 그리고, 안
10주차	시간	날짜와 요일, 시간 묻고 답하기	날짜와 요일, 시간 표현 에, ○시 ○분
11주차	약속	제안하기, 약속하기	약속하기, 약속의 내용 -(으)ㄹ까요, -아요/어요
12주차	주말 활동	주말 활동에 대해 묻고 답하기, 계획 이야기하기	장소, 주말 활동 그래서, -(으)ㄹ 거예요
13주차	한국어 공부	한국어 공부에 대해 이야기하기	종합1
14주차	계획	자신의 계획 이야기하기	종합2
15주차		기말시험	

2) 주 단위 지도안

주 단위 지도안은 학기 단위 지도안의 주별 교육 내용을 차시별로 좀더 자세히 설계한 것이다. 한 학급을 두 명 이상의 교사가 요일이나 차시를 나누어 수업하는 경우가 많은데, 주 단위 지도안을 활용하면 교사가 각자 수업할 내용을 미리 알 수 있기 때문에 수업 준비에 유용하다. 특히, 하루에 두 명의 교사가 동일 학급에서 교체되어 수업할 때 교사 간 진도 관련 의사소통을 위하여 짧은 쉬는 시간을 이용해야 하는 불편함도 줄어든다. 이처럼 주 단위 지도안은 <u>교사 간 효율적인 의사소통 및 협업</u>에 유용하다.

단원별로 문법, 듣기, 읽기 등 일부 교육 내용이 몰려 있는 교재도 적지 않다. 이러한 교재를 사용하면서 교재에 제시된 내용을 순서대로 가르치면, 교사와 학습자 모두에게 부담이 되고 수업은 지루해진다. 이때 주 단위 지도안을 활용하여 각각의 <u>교육 내용을 분리</u>하여 작성하면 교사와 학습자의 부담은 훨씬 감소할 수 있다.

교재의 각 단원이 '문법-듣고 말하기-읽고 쓰기'의 순으로 구성되어 있고, '문법' 영역에 6개의 문법 항목이 제시되어 있다고 해 보자. 6개의 문법 항목을 '듣고 말하기'와 '읽고 쓰기'의 교육 내용에 따라 각 영역의 앞뒤에 배치하여 '문법1(1항, 2항)-듣고 말하기-문법2(3항, 4항)-읽고 쓰기-문법3(5항, 6항)'의 순서로 재배열하는 것이다.

한 학급을 하루 2시간씩 두 명의 교사가 총 4시간의 수업을 하는 경우, 다음과 같은 주 단위 지도안을 활용할 수 있다.

주 단위 지도안

차시	월	화	수	목	금
1	1과 도입	문법1	듣고 말하기	읽고 쓰기	문화
2					
3	대화	어휘	문법2	문법3	1과 정리
4					

3) 차시 단위 지도안

차시 단위 지도안은 한국어 교사가 수업을 진행하기 위해 가장 많이 작성하고 사용하는 지도안이다. 교육 기관별로 차이는 있으나 보통 한 차시는 50분이며, 하루 네 개 차시의 지도안을 작성하게 된다. 네 개 차시 수업 중 두 번째 차시 수업을 한다면 '2/4차시 지도안'이 된다.

교사는 차시 단위 지도안에 수업의 시작부터 전개, 확장, 마무리까지 수업의 진행 방법 및 내용을 구체적으로 작성해야 한다. 특히, 교수-학습 활동에는 반드시 학습자의 학습 단계에 적합한 어휘와 문법이 사용되어야 하며, 실제 수업을 가정하기 때문에 <u>현실적으로 실행 가능한 내용</u>만 기술되어야 한다.

차시 단위 지도안의 양식은 다음과 같다.

차시 단위 지도안

교재/단원		학습자 수준		
수업 목표				
수업 내용				
담당 교사		학습자 인원		
수업 일시		수업 차시		
강의실		보조 자료		
단계	교수-학습 활동	소요 시간	보조 자료	유의 사항
도입				
제시				
연습				
활용				
마무리				

과제 31

❶ 한국어 수준이 동일한 학급이 두 개 이상인 한국어 교육 기관에서는 교사들이 협업을 하여 공통 지도안 및 공통 시험지를 제작하는 경우가 흔하다. 급별 공통 지도안 및 공통 시험지의 필요성은 무엇인지 생각해 보자.

❷ 수업을 하다 보면, 지도안에 설정한 수업 단계별 예상 소요 시간보다 빠르게 끝나거나 늦게 끝나는 경우가 종종 있다. 이때 교사는 무엇을 어떻게 해야 하는가?

3 지도안 작성의 실제

교수-학습 지도안은 교육의 주체와 대상, 목표, 내용, 방법, 장소, 시간 등이 육하원칙에 맞춰 논리적이며 명확하게 드러나야 하며, 교사가 교육 현장에서 실제로 활용할 수 있도록 설계되어야 한다. 한국어 수업을 위한 지도안에도 수업의 논리성, 명확성, 실제성에 초점을 맞춰, 담당 교사, 학습자의 한국어 수준과 인원, 수업 목표, 수업 내용, 수업 일시, 강의실, 교수-학습 활동이 필수적으로 기술된다.

담당 교사, 학습자의 한국어 수준과 인원, 수업 일시, 강의실은 대부분 교육 기관의 물리적 여건에 의존하므로 교사가 관여하기 힘들다. 따라서 수업 목표와 내용, 교수-학습 활동을 중심으로 교사가 가장 많이 작성하게 되는 차시 단위 지도안의 작성 방법을 알아본다.

과제 32

❶ 다음은 도입 단계의 지도안이다. 도입 단계의 교수-학습 활동으로 적절한지, 이것을 활용하여 수업을 할 수 있을지 생각해 보자.

> 1. 목표 문법
>   - 에
> 2. 학습 내용
>   - 그림 보고 대화 내용 추측하기
>   - 교실에 있는 물건 말하기

❷ 다음은 제시 단계의 지도안이다. 제시 단계의 교수-학습 활동으로 적절한지, 이것을 활용하여 수업을 할 수 있을지 생각해 보자.

> 1. 도입 단계에서 사용한 문장을 칠판에 쓴다.
>   - 운전을 할 수 없어요.
> 2. 이미 알고 있는 단어로 '-(으)ㄹ 수 있다/없다'를 연습한다.
>   - 수영을 하다, 스키를 타다 등
> 3. 새로운 단어를 제시하고 학습자들이 따라 읽도록 한다.
>   - 낚시를 하다, 자전거를 타다 등
> 4. 옆 친구에게 무엇을 할 수 있는지 질문하고 대답한다.

▼ '세종한국어 2, 10과 건강'의 목표 문법 항목 중, '-(으)ㄴ 후에'의 교수-학습 지도안을 예로 지도안 작성 방법과 주의해야 할 점을 알아보자.

1) 수업 목표와 내용

수업 차시마다 수업 목표와 내용을 설정하는 것은 도입부터 마무리까지 <u>일관성 있는 수업</u>을 운영하기 위해 반드시 필요하다.

교재/단원	세종한국어 2	학습자 수준	초급1
수업 목표	'어떤 일의 다음에'의 의미를 나타내는 문법 '-(으)ㄴ 후에'를 교육한다.		
수업 내용	증상 이야기하고 조언하기		
담당 교사	김세종	학습자 인원	14명
수업 일시	2020. 5. 11. 월요일	수업 차시	3/4차시
강의실	한국어교육원 201호	보조 자료	단어 카드, 그림 카드, 연습지

▶ 세종한국어 2, 10과 건강
교재의 단원명을 함께 기재한다.

▶ '-(으)ㄴ 후에'를 사용하여 '어떤 일의 다음 일'을 말할 수 있다.
'수업 목표'는 해당 차시의 수업을 통해 <u>학습자가 구체적으로 달성할 수 있는 것</u>을 말하며, '-(으)ㄹ 수 있다'로 표현한다.

▶ 문법 : -(으)ㄴ 후에
▶ 기능 : 일의 순서 말하기, 미래 계획 말하고 쓰기
'수업 내용'은 구체적이고 분명해야 하며, 해당 차시에 다룰 수 있는 <u>분량인지 점검</u>해야 한다.

과제 33

❶ 다음은 '세종한국어 2, 13과 기분과 감정'의 대화이다. 대화를 활용하여 감정 표현과 '-(으)ㄹ 때'를 가르치려고 한다. 수업 목표와 수업 내용을 작성해 보자.

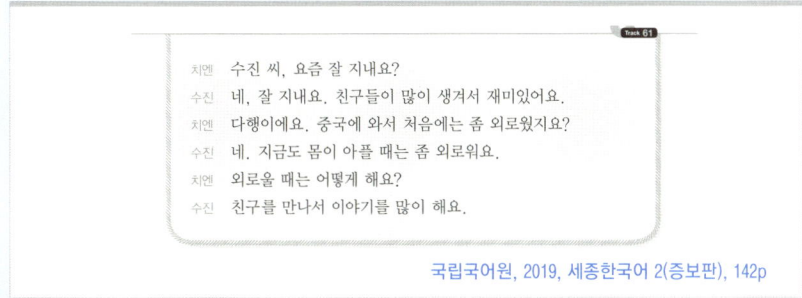

국립국어원, 2019, 세종한국어 2(증보판), 142p

• 수업 목표 :
• 수업 내용 :

❷ 다음은 '세종한국어 1, 3과 위치'의 문화로 '한국인의 인사법'을 소개하고 있다. 수업 목표와 수업 내용을 작성해 보자.

국립국어원, 2019, 세종한국어 1(증보판), 66-67p

• 수업 목표 :
• 수업 내용 :

2) 교수-학습 활동

교수-학습 활동은 수업의 도입부터 마무리까지 교사와 학습자의 언어적, 비언어적 상호작용을 나타낸 것이다. 교사와 학습자의 활동이 단계별로 적절히 안배되는 것이 중요한데, 도입-제시-연습-활용-마무리의 다섯 단계로 수업을 운영할 경우, 연습, 활용으로 진행될수록 일반적으로 교사 활동은 감소하고 학습자 활동은 증가한다.

① 도입 단계

단계	교수-학습 활동		소요 시간	보조 자료	유의 사항
도입	1. 인사 T 와, 6월인데 벌써 덥네요.	▶ T: 여러분, 안녕하세요? S: 안녕하세요? 선생님. T: 오늘은 날씨가 어때요? S: 아주 덥습니다. '교수-학습 활동'에는 교사(T)와 학습자(S)의 상호작용을 기재한다. **학습자의 반응을 예상**하면서 수업을 준비해야 한다. 열린 질문이 **학습자의 참여를 유도**한다. '-는데/(으)ㄴ데'는 2권 12과의 목표 문법이며, '-네요'는 3권 11과의 목표 문법이다. 학습자가 아직 배우지 않은 문법을 사용하지 않도록 주의한다.			
	2. 복습 T 히엔 씨가 목이 아픕니다. 찬 물을 마시지 마세요.	▶ T: 히엔 씨는 지금도 목이 아파요? S: 네, 히엔 씨는 목이 아파요. T: 찬물을 마시지 말고, (학습자가 뒷말을 이어 말하도록 손으로 학습자를 가리킨다.) S: 따뜻한 물을 마시세요. 지도안에 띄어쓰기, 문장 부호 등 **맞춤법 오류**가 없어야 한다. '-고'(2권 1과), '-(으)세요'(1권 4과) 등은 이미 학습한 문법이므로 지난 수업 시간에 학습한 '-지 말다'의 복습을 위해 충분히 활용할 수 있다. 교사는 자신이 담당한 학습자 수준에 맞는 교재는 물론이고, **선·후행 교육 내용을 교재를 통해 파악**해야 학습자 수준에 맞는 어휘와 문법을 구사할 수 있다.			
	3. 수업 내용 도입 T 히엔 씨가 감기에 걸렸습니다. 히엔 씨, 병원에 갈 거예요? S 네. T 지금 병원에 갈 거예요? S 아니요, 지금은 공부해요. T 맞아요. 1시에 수업이 끝날 거예요. 그리고 병원에 갈 거예요. 수업이 끝난 후에 병원에 갈 거예요. T 히엔 씨는 병원에 간 후에 약국에도 갈 거예요. 약국에서 감기약을 살 거예요. 약은 식사 후에 드세요. T '-(으)ㄴ 후에'는 동사, 명사 다 괜찮아요.	10분	소요 시간은 수업 단계별 수업 내용 및 방법에 따라 달라진다. 50분 수업인 경우, 도입 5분, 제시 10분, 연습 15분, 활용 15분, 마무리 5분 내외가 일반적이다. 교재에 '후에'는 시간이나 동작의 의미가 있는 명사 뒤에 올 수도 있다'고 제시되어 있다. 그러나 '-(으)ㄴ 후에'를 처음 소개하는 도입 단계에서 '명사+후에'까지 소개하는 것은 학습자에게 큰 부담이 된다.	학습자가 목표 문법에 자연스럽게 노출되도록 한다.		

현재 상황에 적절한 교사와 학습자의 대화를 통해서 **목표 문법이 자연스럽게 노출**되도록 한다.

'동사', '명사'와 같은 문법 용어는 도입 단계에서 사용하지 않는다.

제Ⅲ부
1장 교수-학습 지도안 작성

과제 34

❶ 1급 학습자만 가르치다가 이번 학기에 처음으로 3급 학습자를 담당하게 되었다. 3급 학습자를 위한 교수-학습 지도안을 작성하기 위해 어떤 자료를 참고해야 할까?

❷ 다음은 '세종한국어 2, 6과 전화'의 문법 '-아/어 주다'의 교육 내용이다. 이것을 참고하여 '-아/어 주다'를 가르치기 위한 도입 단계의 교수-학습 활동을 작성해 보자.

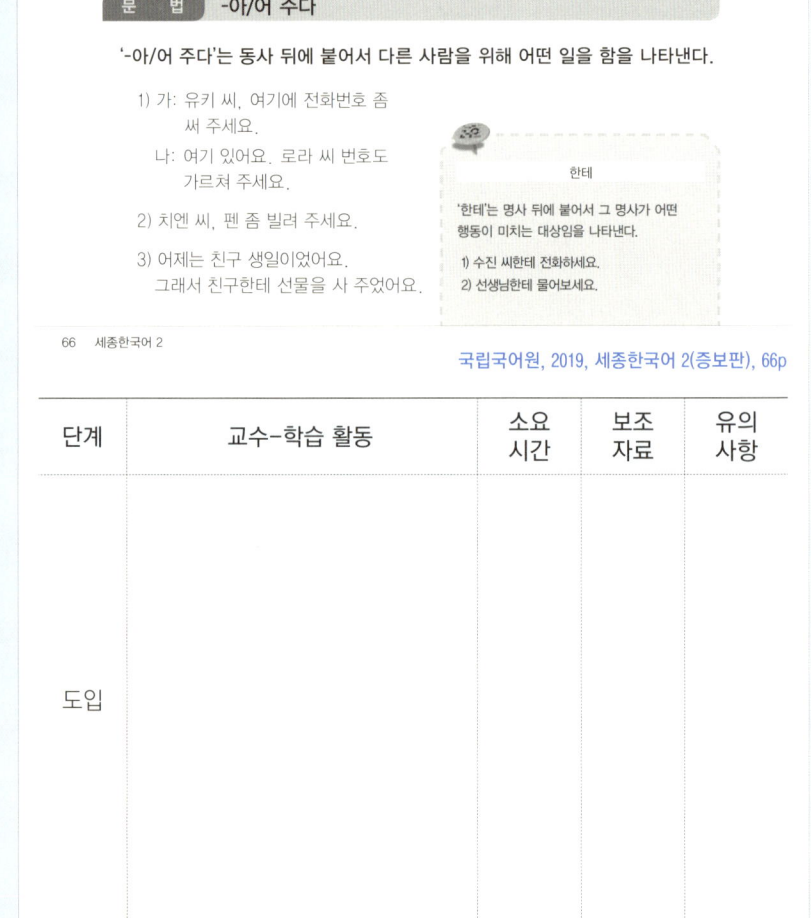

국립국어원, 2019, 세종한국어 2(증보판), 66p

단계	교수-학습 활동	소요 시간	보조 자료	유의 사항
도입				

② 제시 단계

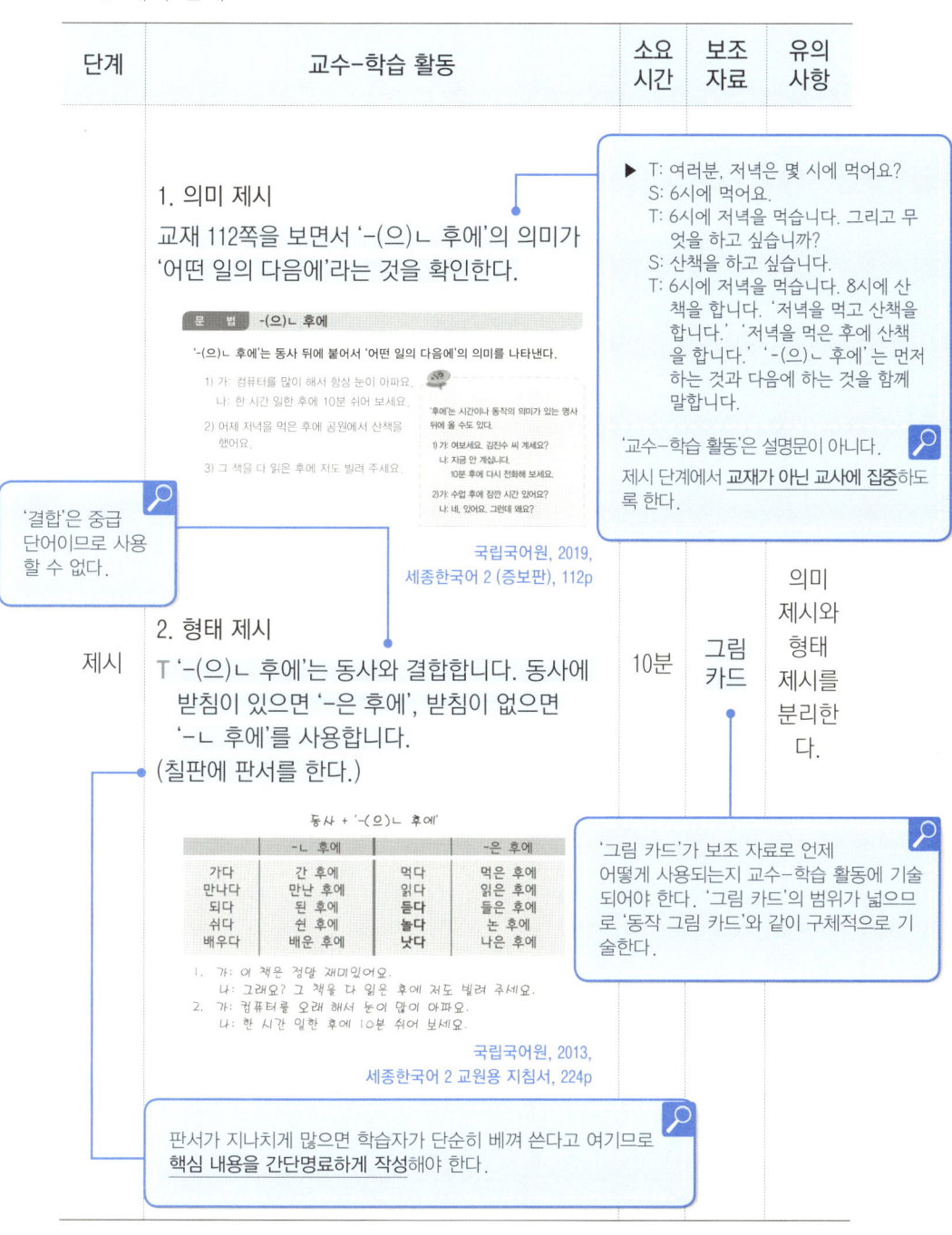

과제 35

❶ 초급반에서 사용될 수 있는 교실 용어를 정리해 보자.

• 과제 수행에 필요한 용어:
• 어휘 및 문법 설명에 필요한 용어:

❷ 한국어 수업 시간에 PPT를 사용하면서 판서를 많이 하지 않는 경우도 있다. 한국어 교실에서 판서는 없어도 되는 것일까?

❸ 다음의 판서를 보고 교육 내용에 따라 판서가 어떻게 달라지는지 이야기해 보자.

세종한국어 1, 10과 주말 활동

동사 + '-(으)ㄹ 거예요'

	-을 거예요		-ㄹ 거예요
먹다	먹을 거예요	가다	갈 거예요
읽다	읽을 거예요	보다	볼 거예요
듣다	들을 거예요	놀다	놀 거예요

1. 가: 주말에 뭐 할 거예요?
   나: 친구하고 미술관에 갈 거예요.
2. 가: 주말에 축구를 할 거예요?
   나: 아니요. 저는 집에서 쉴 거예요.

국립국어원, 2013, 세종한국어 1 교원용 지침서, 254p

세종한국어 2, 4과 교통

[ㄱ] + ㅁ → [ㅇ] + ㅁ

한국문화원 | 1. 한국문화원까지 사십 분이 걸려요.
박물관 | 2. 시청 앞에서 박물관까지 걸어가요.
한국말 | 3. 한국말을 배워요.

국립국어원, 2013, 세종한국어 2 교원용 지침서, 87p

세종한국어 2, 1과 안부

'그런데'

그런데

비가 많이 와요. 그런데 우산이 없어요.
나는 공부를 해요. 그런데 동생은 공부를 안 해요.
요즘 회사에 일이 많아요. 그런데 힘이 안 들어요.

1. 가: 요즘 일이 많아요?
   나: 네, 일이 많아요. 그런데 힘이 안 들어요.
2. 가: 밖에 비가 와요?
   나: 네. 비가 많이 와요. 그런데 우산이 없어요.

국립국어원, 2013, 세종한국어 2 교원용 지침서, 13p

❹ 다음은 '세종한국어 3, 6과 쇼핑'의 문법 교육 내용이다. 이것을 참고하여 '-는/(으)ㄴ 것 같다'를 가르치기 위한 제시 단계의 교수-학습 활동을 작성해 보자.

> **문 법** -는/(으)ㄴ 것 같다
>
> '-는/(으)ㄴ 것 같다'는 동사나 형용사 뒤에 붙어서 말하는 내용이 불확실한 판단임을 나타낸다.
>
> 1) 가: 바지가 좀 긴 것 같아요.
>   나: 네, 그럼 수선해 드릴게요.
> 2) 음식을 너무 많이 하는 것 같아요. 이제 그만 해요.
> 3) 이 문제는 생각보다 간단한 것 같아요.
>
> 국립국어원, 2019, 세종한국어 3(증보판), 70p

단계	교수-학습 활동	소요 시간	보조 자료	유의 사항
제시				

③ 연습 단계

단계	교수-학습 활동	소요 시간	보조 자료	유의 사항
연습	1. 동사 활용 연습 단어 카드를 사용하여 '-(으)ㄴ 후에'와 결합하는 동사의 활용 연습을 한다. T 단어 카드를 보고 '-(으)ㄴ 후에'와 함께 말하세요. 2. 교재의 연습1을 학습자끼리 짝을 지어 대화를 한다. 짝을 바꾸어 질문과 대답을 하도록 지시한다. 1. 다음 그림을 보고 대화를 완성하세요. 1) 가: 아침부터 계속 아파요. 　나: 그러면 ＿＿ 밥을 먹은 후에 　　　이 약을 좀 먹어 보세요. 2) 가: 아직도 몸이 안 좋아요? 　나: 아니요, 어제 ＿＿ 푹 잤어요. 　　　그래서 지금은 좋아졌어요. 3) 가: ＿＿ 취직을 할 거예요? 　나: 아니요, 저는 대학원에 갈 거예요. 4) 가: 요즘에도 투이 씨를 자주 만나요? 　나: 아니요, 투이 씨가 　　　자주 못 만나요. 국립국어원, 2019, 세종한국어 2(증보판), 113p 3. 여러분은 아침에 일어난 후에 무엇을 먼저 합니까? 아침 8시에 일어납니다. 그리고 히엔 씨는 무엇을 합니까? 이를 닦습니다. 아침 8시에 일어납니다. > 아침 8시에 일어난 후에 이를 닦습니다. > 이를 닦은 후에 …	15분	단어 카드	

🔍 단어 카드로 제시되는 단어가 무엇인지 구체적으로 기술한다. 학습자가 배운 단어인지, 아직 배우지 않은 불규칙활용 동사는 없는지 파악해야 한다.

▶ T: 책 113쪽 연습1을 보세요. 빈칸에 무슨 말이 들어갈까요? 옆 친구와 함께 이야기하세요.
T: 옆 친구와 '가'와 '나'를 바꾸어 이야기하세요.

🔍 학습자끼리 짝을 어떻게 만드는지, '가'와 '나'의 역할을 어떻게 바꾸는지 분명하게 밝힌다. 지도안에 **애매하며 중의적 표현**은 삼가야 한다.

통제된 연습에서 자유로운 연습으로 확장한다.

🔍 '단어 카드'의 범위가 넓으므로 '동사 카드'라고 명확히 밝힌다.

🔍 누구의 말인가?

🔍 한국어 교육 기관의 교수-학습 지도안은 여러 교사가 **공통으로 사용**하는 경향이 있다. 따라서 작성자만 이해할 수 있는 표현은 피해야 한다.

과제 36

❶ 한국어 교실에서 사용할 수 있는 보조 자료에는 무엇이 있는가? 보조 자료를 많이 사용할수록 교육 효과는 높아질까?

❷ 다음은 '세종한국어 4, 1과 근황'의 문법 '-(으)면서'의 연습이다. 이것을 참고하여 '-(으)면서'를 가르치기 위한 연습 단계의 교수-학습 활동을 작성해 보자.

1. 다음 그림을 보고 대화를 완성하세요.

   1) 가: 점심 먹었어요?
      나: 지금 ___일하면서___ 먹고 있어요.

   2) 가: 요즘 공부는 잘 돼요? 식당 일은요?
      나: 네, 그럭저럭요. _____
         식당 일도 하니까 조금 피곤해요.

   3) 가: 지금 뭐 하세요?
      나: _____.

   4) 가: 스트레스가 쌓이면 어떻게 하세요?
      나: 맛있는 _____

   국립국어원, 2019, 세종한국어 4(증보판), 15p

단계	교수-학습 활동	소요 시간	보조 자료	유의 사항
연습				

④ 활용 단계

단계	교수-학습 활동	소요 시간	보조 자료	유의 사항
활용	1. 반 친구 두 명에게 앞으로 한국어를 배운 후, 무엇을 하고 싶은지 질문한다. T 여러분은 한국어를 배운 후에 무엇을 하고 싶어요? 반 친구 두 명에게 '-(으)ㄴ 후에'로 질문하세요. 5분 동안 이야기합니다. 예시 한국어를 배운 후에 무엇을 하고 싶어요?, 대학교를 졸업한 후에 무엇을 하고 싶어요?, 고향에 간 후에 무엇을 하고 싶어요? | 친구 이름 | 미래 계획 | | 가 | | | 나 | | 2. 반 친구의 미래 계획 발표하기	12분	연습지	교사는 학습자의 활동을 관찰하면서 학습자가 '-(으)ㄴ 후에'를 활용하여 과제를 잘 수행하는지 확인한다.

> 모든 과제는 제한 시간과 학습자 활동이 구체적으로 제시되어야 한다.

> 교사와 학습자의 상호작용이 대화로 작성되어야 한다.

과제 37

❶ 실물 자료에는 무엇이 있는가? 실물 자료와 이것을 활용한 의사소통 과제에 대해 생각해 보자.

실물 자료	의사소통 과제
한복	한복 입고 절하는 방법 배우기

❷ 다음의 문법을 가르칠 때 유용한 의사소통 과제에는 무엇이 있을까?

문법	의사소통 과제
-(으)ㄹ까요?	친구와 식사 메뉴 정하기
보다	
(으)로	
-아/어지다	
-(으)ㄴ 적이 있다/없다	

❸ ❷의 문법 중, 하나를 선택하여 활용 단계의 교수-학습 활동을 작성해 보자.

단계	교수-학습 활동	소요 시간	보조 자료	유의 사항
활용				

⑤ 마무리 단계

단계	교수-학습 활동	소요 시간	보조 자료	유의 사항
마무리	1. 목표 문법을 잘 알고 있는지 확인한다. 2. 숙제를 준다.	3분	연습지	수업 목표 달성 여부를 확인한다.

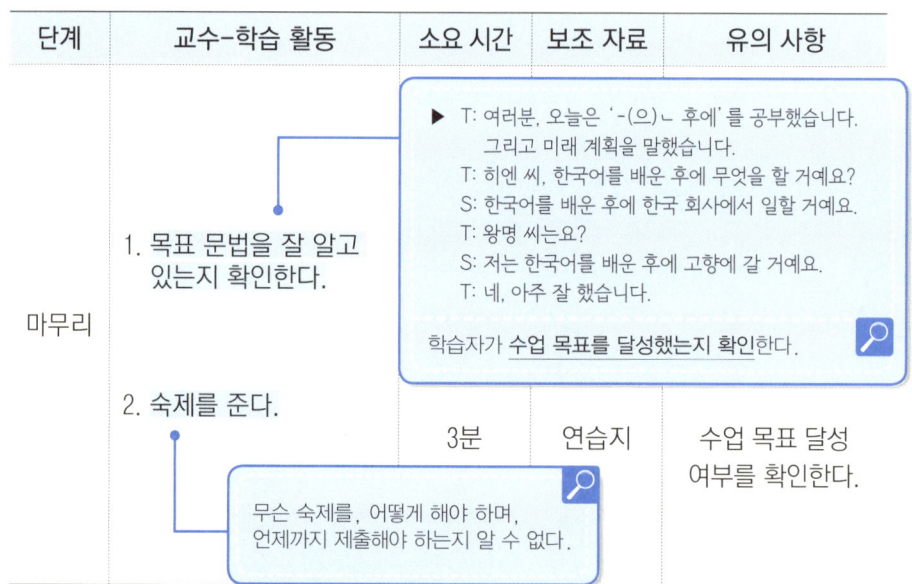

▶ T: 여러분, 오늘은 '-(으)ㄴ 후에'를 공부했습니다. 그리고 미래 계획을 말했습니다.
T: 히엔 씨, 한국어를 배운 후에 무엇을 할 거예요?
S: 한국어를 배운 후에 한국 회사에서 일할 거예요.
T: 왕명 씨는요?
S: 저는 한국어를 배운 후에 고향에 갈 거예요.
T: 네, 아주 잘 했습니다.
학습자가 <u>수업 목표를 달성했는지 확인</u>한다.

무슨 숙제를, 어떻게 해야 하며, 언제까지 제출해야 하는지 알 수 없다.

과제 38

❖ 다음의 수업 목표를 학습자가 달성했는지 확인하기 위한 마무리 단계의 교수-학습 활동을 작성해 보자.

• '-(으)려고'를 사용하여 한국어를 배우는 이유를 말할 수 있다.

단계	교수-학습 활동	소요 시간	보조 자료	유의 사항
마무리				

4 지도안 체크리스트

교사라면 반드시 익숙해져야 하는 일 중의 하나가 교수-학습 지도안 작성이다. 지도안을 작성하면서 지도안에 문제는 없는지, 지도안 체크리스트를 통해 확인하고 또 확인하도록 한다.

	교수-학습 지도안 체크리스트	
1	수업 목표는 '-(으)ㄹ 수 있다'로 표현하고 있는가?	○ / ×
2	수업 내용은 자세하고 분명한가?	○ / ×
3	교재명과 단원명이 모두 기재되어 있는가?	○ / ×
4	교수-학습 활동의 각 단계의 소요 시간이 적절한가?	○ / ×
5	학습자가 이해할 수 있는 어휘를 사용하고 있는가?	○ / ×
6	학습자가 이해할 수 있는 문법을 사용하고 있는가?	○ / ×
7	교수-학습 활동에 교사와 학습자의 말이 분리되어 있는가?	○ / ×
8	교수-학습 활동의 교사와 학습자의 말은 자연스러운가?	○ / ×
9	도입 단계와 마무리 단계에 인사말이 있는가?	○ / ×
10	도입 단계가 학습자의 학습 동기가 활성화될 만큼 흥미로운가?	○ / ×
11	도입 단계에서 수업 내용을 알 수 있는가?	○ / ×
12	제시 단계에서 사용하는 문법 용어를 학습자가 이해할 수 있는가?	○ / ×
13	의미 제시와 형태 제시가 구분되어 있는가?	○ / ×
14	제시 단계에서 선행 학습 내용을 충분히 활용하고 있는가?	○ / ×
15	판서는 수업 내용을 간단명료하게 나타내고 있는가?	○ / ×
16	연습 단계와 활용 단계에서 교사의 지시는 분명한가?	○ / ×
17	연습은 통제된 연습에서 자유로운 연습으로 배열되어 있는가?	○ / ×
18	연습 단계와 활용 단계의 과제가 서로 다른 유형의 과제인가?	○ / ×
19	활용 단계의 과제가 실제 담화에서 있을 법한 자연스러운 의사소통 과제인가?	○ / ×
20	마무리 단계에서 수업 목표의 달성 여부를 확인하고 있는가?	○ / ×

마무리 과제

1. 다음은 '세종한국어 4, 2과 외국 생활'의 대화, 어휘와 표현, 문법이다. 이것을 참고하여 수업 목표와 수업 내용, 단계별 교수-학습 활동을 작성해 보자.

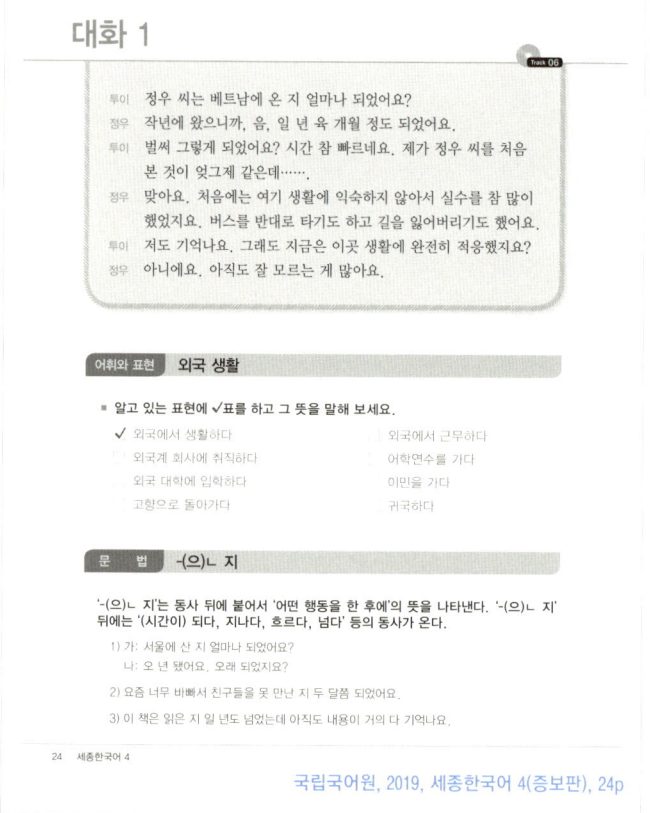

- 수업 목표 :

- 수업 내용 :

단계	교수-학습 활동	소요 시간	보조 자료	유의 사항
도입				
제시				
연습				
활용				
마무리				

❷ 한국어 초급 교재 중, 관심 있는 교재와 교육 내용을 선택하여 교수-학습 지도안을 작성해 보자.

교재/단원		학습자 수준		
수업 목표				
수업 내용				
담당 교사		학습자 인원		
수업 일시		수업 차시		
강의실		보조 자료		
단계	교수-학습 활동	소요 시간	보조 자료	유의 사항
도입				
제시				
연습				
활용				
마무리				

2장 모의 수업과 평가

앞서 한국어 수업을 잘 운영할 수 있는 교사가 되기 위해서 한국어 교사의 자질과 역할에서부터 수업 설계 방법과 수업 모형에 대해 이해하였다. 그리고 현장에서 실시하는 수업을 관찰하며 수업 운영의 기술과 수업 중 교사가 사용하는 발화에 대해서도 살펴보았다.

이번 장에서는 실제 수업을 준비하는 단계로 직접 모의 수업을 해 보고 또 평가를 해 보도록 하자. 먼저 모의 수업을 준비하기 위해서는 학습자 수준과 주제를 선택하고 앞서 1장에서 배웠던 지도안 작성 방법에 맞춰 지도안을 작성해야 한다.

과제 39

❖ 아래 질문에 대답을 하며 모의 수업을 준비해 보자.

❶ **대상 학습자?** 일반 목적 학습자, 학문 목적 학습자, 여성결혼이민자, 재외동포아동 등

❷ **학습자 수준?** 기초반, 초급, 중급, 고급 등

❸ **주제?** 자기소개, 물건 사기, 식당에서 주문하기 등

위의 질문에 대한 대답이 결정되었다면 자신이 정한 대상과 수준, 주제와 유사한 내용을 담고 있는 교재들을 찾아서 살펴보도록 하자. 한국어 교육 기관에서 출판된 교재는 각 기관의 특성과 교수-학습 방법을 바탕으로 만들어져서 자신이 생각한 내용과 흐름이 다를 수 있다. 그러나 다른 교재를 참고한다면 수업 운영에 많은 힌트를 얻을 수 있을 것이다.

자신이 수업할 단원의 교재들을 참고했다면 이제 자신이 정한 수업에 맞춰 수업을 구성해 보자. 앞서 수업 관찰에서 언급했던 수업의 거시구조에 대한 고민에서부터 각각의 요소를 어떻게 가르칠지에 대한 계획을 세워 이를 바탕으로 지도안을 작성할 수 있을 것이다. 그렇게 작성한 교안을 실습 담당 교수, 그리고 동료들과 상호피드백을 하여 완성도 높은 지도안으로 보완해 보자.

과제 40

❖ **수업의 구조, 활동의 구조, 지도안 체크리스트(115쪽)를 참고하여 자신과 동료 교사의 지도안을 평가해 보자.**

❶ 전체 수업 시간과 각 단계별 시간 배분은 적절한가?

❷ 수준에 맞는 내용으로 지도안을 구성하였는가?

❸ 각 단계별 수업 진행은 자연스럽고 학습자의 한국어 학습에 유의미한가?

지도안이 준비되었다면 이제는 모의 수업을 진행해 보도록 하자. 모의 수업이라고 하더라도 실제 수업처럼 자연스럽게 진행될 수 있게 수업 전 많은 연습은 필수라 할 수 있다. 수차례 연습이 되었다면 이제 학습자들 혹은 동료들 앞에서 수업을 진행해 보자.

다음은 예비 교사들이 모의 수업에서 많이 저지르는 실수에 대해 연구한 내용이다. 동료의 수업을 보며 아래와 같은 실수를 하지 않았는지 살펴보자.

예비 교사의 교수 활동에서 나타나는 실수
- 수업 내용을 충분히 숙지하지 못하고 교안을 보면서 수업을 진행하는 경우가 많다.
- 지식 전달에만 집중해서 자신이 할 말만 쭉 늘어 놓은 후 학습자들에게 활동을 시키지 못한다.
- 수업 내용을 숙지하지 못한 것은 아니나 한국어에 대한 지식이 부족해서 문법이나 어휘의 의미, 형태, 활용을 잘못 전달한다.
- 연습 단계에서 학습자들에게 활동을 지시할 때 구체적으로 어떤 활동을 해야 하는지 표현하지 못해 학습자들을 혼란스럽게 만든다.
- 목표 없는 부교재 활용이 자주 나타난다.
- 판서를 미리 계획하지 못하고 산만하게 진행을 하거나 학습자가 알아보기 힘든 글자체나 글자 크기로 판서하는 경우가 많다.

예비 교사의 수업 운영 태도에서 나타나는 실수
- 한국어 교사임에도 불구하고 발음이나 억양이 자연스럽지 못하고 과장되거나 반대로 위축된 경우가 있다.
- 학습자와 눈을 맞추지 못하고, 시선을 회피하거나 한 곳만 고정해서 바라보는 경우가 있다.
- 몸을 전혀 사용하지 않고 고정된 자세로 일관하는 경우가 있다.
- 권위적인 말투 혹은 지나치게 어린 아이 같은 말투를 사용하는 경우가 있다.
- 질문을 하고 학습자의 대답이 늦어지면 이를 기다리지 못하고 먼저 말을 하거나 문장을 대신 완성해 주는 경우가 있다.

김지혜(2015), '예비 한국어 교사의 모의 수업 연구'에서 발췌

위와 같은 실수는 경험이 많지 않은 교사에게서는 누구나 나타날 수 있는 현상이므로 이러한 실수를 하였다고 해서 의기소침해 할 필요는 없다. 학생들을 위해 더 좋은 수업을 준비한다는 마음으로 자신의 수업에 대한 평가와 비판을 겸허히 수용하고 좀더 재미있고 효과적인 수업을 준비해 보도록 하자.

부록

1. 한국어 교육 실습 교과목 관련 각종 서식
2. 한국어 교원 관련 누리집

1 한국어 교육 실습 교과목 관련 각종 서식

양식 1   현장 실습 협약서

현장 실습 협약서(예시)

○○○○(이하 "갑"이라 한다)과 ○○대학교(이하 "을"이라 한다)는 "을" 소속 학생들(이하 "실습생"이라 한다)의 진로 선택에 도움을 주고, 한국어 교육 현장에서 요구하는 전문 지식과 경험 습득을 목적으로 하는 현장 실습(이하 "현장 실습"이라 한다) 운영과 관련된 지침을 준수하고, 상호간의 운영에 필요한 사항을 이행하기 위하여 다음과 같이 협약을 체결한다.

제 1 조 (현장 실습 운영 기준)
① 현장 실습은 최소 ○주간, ○○일(○○시간) 이상 실시하여야 한다.
② 현장 실습은 통상 근로시간 내 운영하되, 현장 실습 기관의 특성 및 실습생의 상황(직장인 등)을 고려하여 야간 및 주말 시간을 이용한 현장 실습도 운영할 수 있다.

제 2 조 ("갑"의 현장 실습 운영)
① "갑"은 현장 실습이 내실 있게 실시될 수 있도록 하기 위하여 실습생의 희망 진출 분야 및 진로를 고려하여 배치함으로써 다양하고 폭넓은 현장 경험을 쌓을 수 있도록 최선의 기회를 제공한다.
② "갑"은 현장 실습을 지도할 담당자를 배치하여 실습생이 성실히 현장 실습을 수행할 수 있도록 지도하고 실습생에 대한 출결 관리 및 평가를 실시한다.

제 3 조 ("을"의 현장 실습 운영)
① "을"은 현장 실습 운영 계획 및 일정 수립 후 "갑"과 실습생에 대한 안내 및 홍보를 실시한다.
② "을"은 "갑"으로부터 현장 실습 운영에 필요한 모집 인원, 실습 기간 등의 신청서를 접수, 검토 후 실습생 지원 및 모집에 관한 업무를 실시한다.
③ "을"은 "갑"의 실습생 선발에 필요한 정보 및 업무 지원을 실시한다.
④ "을"은 선발된 실습생을 대상으로 다음 각 호의 사항이 준수될 수 있도록 사전 교육을 실시한다.
1. 실습생은 실습 기간 동안 주어진 과제를 성실하게 수행한다.
2. 실습생은 실습 기간 동안 "갑"의 사규 등 제반 수칙을 준수한다.
3. 실습생은 실습을 위한 기계, 공구, 기타 장비가 파손되거나 분실되지 않도록 주의한다.
4. 실습생은 실습 과정에서 알게 된 "갑"의 기밀 사항을 누설하지 아니한다.
⑤ "을"은 현장 실습 중 "갑"의 현장 방문을 통하여 "갑"과 실습생의 건의사항 및 애로 사항이 개선될 수 있도록 조치를 취한다.

⑥ "을"은 "을"의 현장 실습 관련 규정에 따라 현장 실습 종료 후 "갑"과 실습생의 제출 서류 검토 후 실습생에 대한 학점 인정 절차를 실시한다.

제 4 조 (현장 실습 시간 및 장소)
① 실습 시간은 "갑"의 근로시간을 기준하여 1일 4시간 실습하는 것을 권장하되, 식사 시간은 총 실습 시간에서 제외한다.
② 실습 장소는 "갑"의 사업장 또는 사업과 관련된 장소로 하고, 실습생의 보건·위생 및 산업재해 등으로부터 안전한 장소로 지정토록 "갑"과 "을"이 협의한다.

제 5 조 (실습비 및 실습 지원비)
① "갑"은 실습 지도에 소요되는 기본 경비 등을 위해 "을"과 협의하여 실습비를 받을 수 있다.
② "갑"은 실습생에게 숙식비, 교통비, 실습 보조금 등의 실습 지원비를 별도로 정하여 지원할 수 있으며, 지원할 경우 "을"과 협의하여 지급한다.

제 6 조 (보험가입) "을"은 현장실습 기간 동안 실습과 관련하여 실습생에게 발생할 수 있는 상해에 대비한 보험에 가입하여야 한다. 이와 별도로 "갑"은 "갑"의 필요에 따른 보험을 가입할 수 있다.

제 7 조 (협약의 효력 및 기간) 본 협약의 효력은 협약 체결일로부터 발생하며 협약 기간은 협약 체결일로부터 1년으로 한다. 단, "갑" 또는 "을" 중 이의를 제기하지 않을 경우 자동 갱신되는 것으로 한다.

제 8 조 (기타) 본 협약에 명기되지 아니한 세부 사항에 대해서는 당사자 간 협의하여 별도로 정한다.

본 협약의 성립을 증명하기 위하여 협약서 2부를 작성, "갑"과 "을"은 각각 서명 날인 후 1부씩 보관한다.

20   년   월   일

"갑"	"을"
기관명 : ○ ○ ○ ○	기관명 : ○ ○ 대 학 교
주 소 :	주 소 :
대표자 : (인)	대표자 : (인)

양식 2 실습 의뢰서

실 습 의 뢰 서

수 신 :

참 조 :

제 목 :

---

      1. 항상 한국어 교육 현장 실습을 위해 애써 주시는 귀 기관에 감사드리며 귀 기관의 무궁한 발전을 기원합니다.

      2. 「한국어 교육실습」 과목을 수강하는 아래 학생의 현장 실습을 귀 기관으로 요청하오니 협조하여 주시기 바랍니다.

- 다 음 -

실습생 성명	생년월일	학과/전공	학년/학기

○ ○ **기관장**

담당자 OOO　　　　　　　　　　학과장 OOO
시행 OOO-OOO(OOOO(년)OO(월)OO(일))　접수 OOOO-OOOO(OOOO.OO.OO.)
주소:
전화:　　　　　　　／ 전자 우편(E-mail):

양식 3 현장 실습 지도 관리부

현장 실습 지도 관리부

실습 내용								
실습 장소								
실습 기간								
실습 교과목 담당교수								
학년								
학번								
전공/학과								
교육기관명								
실습생 성명								

양식 4 한국어 교육 현장 실습 확인서

한국어 교육 현장 실습 확인서

실습생 정보	성명		생년월일	
	학교/학과명		실습 담당 교수명	
	실습 기간	년 월 일부터 ~ 년 월 일까지 (총 일)		
	실습 시간	총 시간 (매주 요일부터 ~ 요일까지)		

실습기관 정보	실습 기관	기관명		기관 유형	
		전화번호		실습 운영 부서	
		주소			
	현장 실습 지도자	성명		한국어교원 자격증	급수
					취득일
		직위			자격증 번호
		한국어 교육 경력			
		기관명		기간	
				년 월~ 년 월(총 개월)	
				년 월~ 년 월(총 개월)	
		합계		총 개월	

위와 같이 실습 내용을 확인합니다.

년   월   일

현장 실습 지도자: (서명 또는 인)

확인자: 소속   직위   (서명 또는 인)

실습 기관의 장   [직인]

양식 5 강의참관 일지

강의참관 일지

참관일	년 월 일(요일)			현장 실습 지도자 확인	(서명 또는 인)
	일시	참관 시간	참관 급수	강의 교수	참관 장소

참관 내용	※ 참관 일정에 따른 시간 순으로, 주요 활동 내용을 기술 ※ 프로그램 참관(보조진행) 시, 단순히 'OOO프로그램 참관'이 아닌, 프로그램의 목적, 주요 내용, 강의자의 수업 자료 및 진행 방법 등을 수업 절차에 따라 자세히 기록
참관 소감	

양식 6 강의실습 일지

강의실습 일지

실습일	년 월 일(요일)		현장 실습 지도자 확인	(서명 또는 인)
실습 시간	일시	시간	급수	장소
실습 일정	실습 활동 내용			비고
	09:00 ~ 09:50			
실습 내용	※ 실습 일정에 따른 업무명 순으로, 주요 활동 내용을 기술 ※ 실습 지도가 가능하도록 구체적, 객관적으로 기술(실습 일지는 개인 일기가 아니므로, 실습 일과에 대한 개인의 감정, 의견, 느낌 등은 가능한 한 피해야 함.)			
실습 소감 및 자기평가 (협의 사항 포함)				
현장 실습 지도자 의견				

양식 7 실습 의뢰 결과 회보서

실습 의뢰 결과 회보서

1. 실습 의뢰 결과
  ☐ 수락합니다(수락 시 하단의 내용 기재)   ☐ 거절합니다

2. 실습 기본 사항

① 실습 기관 정보

기 관 명		기관 유형	
전화번호		실습 운영 부서	
주 소			

② 현장 실습 지도자 정보

성 명		한국어교원 자격증	급 수	
생년월일			취 득 일	
직 위			자격증 번호	
한국어 교육 경력				
기관명	소속 부서	기간		담당 업무
		년 월~ 년 월(총 개월)		
		년 월~ 년 월(총 개월)		
합계		총 개월		

③ 요청사항

필요 서류	
실습비	원(실습 개시일 납부 요망)
참고 사항	

상기 내용으로 귀 기관에서 의뢰한 현장 실습 의뢰 결과를 회보합니다.

실습 기관의 장 [직인]

※ [붙임] 한국어 교육기관 증빙서류 1부.

양식 8 실습 지도 기록서

실습 지도 기록서

주차	현장실습 지도자 의견
1주차	※ 실습생의 강점 및 개선점에 대한 의견 제시 ※ 실습 내용에 대한 피드백 등을 주차별로 작성
2주차	
3주차	
4주차	

현장 실습 지도자:　　　　　　　　　　(서명 또는 인)

양식 9 실습생 평가서

실습생 평가서

실습생 성명		생년월일	
양성기관명		현장 실습 지도자	(서명 또는 인)

평가 영역 (배점)		평가 항목	배점	점수
근무 태도	근무 사항	• 출석, 결석, 지각, 조퇴 등		
	태도	• 성실성, 근명성, 친절성, 적극성, 예정 등		
자질	목표 설정 및 계획 수립	• 실습 목표 설정 • 실습 세부 계획 수립 등		
	가치관	• 한국어 교육에 대한 가치관 및 신념 • 실습생으로서의 자세와 역할 등		
	관계 형성	• 기관 내 직원들과의 협조적인 대인관계 • 동료 실습생과의 관계		
학습 지도 능력				
총첨			100	

양식 10 한국어 교육 현장 실습 평가서 관리부

한국어 교육 현장 실습 평가서 관리부

1. 실습 기관명
2. 실습 기간: 년   월   일 ~   년   월   일(주, 총   시간)
3. 현장 실습 지도자

직명	성명	담당	내용	비고
(소속부서명 포함 기재)		(담당업무 기재)	(주요업무 상세 기재)	(한국어교원 자격 소지 사항 및 한국어 교육 경력 기재)

4. 실습 내용

제 1주	제 2주	제 3주	제 4주

5. 실습 상황

실습생 성명	학과명	근무 태도 (10%)	자질 (15%)	학습 지도 능력 (50%)	연구 조사 활동 (15%)	학습 경영 및 사무 처리 능력 (10%)	총평 (100%)	비고

위 사실을 증명함.

       년   월   일

실습 기관의 장   직인

2 한국어 교원 관련 누리집

🏠 국립국어원 한국어교원 누리집 (http://kteacher.korean.go.kr)

- 한국어교원 자격제도에 대한 설명 및 심사 신청에 관한 안내를 볼 수 있다.
- 확인받은 교육과정 및 교과목을 볼 수 있다.
- 한국어교원 자격제도와 관련하여 궁금한 사항을 질의할 수 있다.

🏠 국립국어원 한국어교수학습샘터 (https://kcenter.korean.go.kr)

- 국립국어원에서 개발한 한국어 교육 자료 및 다양한 한국어 교육 관련 정보를 확인할 수 있다.
- 한국어교원을 위한 온라인 강좌를 수강할 수 있다.

🏠 국립국어원 한국어 학습자 말뭉치 나눔터 (http://kcorpus.korean.go.kr)

- 국립국어원에서 수집·구축하는 한국어 학습자 말뭉치 자료를 검색할 수 있다.
- 국내외 한국어 학습자를 대상으로 구축한 말뭉치 자료의 통계를 확인할 수 있다.

🏠 세종학당재단 누리집 (http://www.sejonghakdang.org)

- 세종학당 한국어 교원 양성, 교육 및 파견 지원에 관한 내용을 볼 수 있다.
- 한국어 학습과 관련된 자료를 볼 수 있다.

🏠 국가평생교육진흥원 학점은행 누리집 (https://www.cb.or.kr)

- 학점은행제에 대한 설명과 학위 취득 안내를 볼 수 있다.
- 학점 인정 신청, 학위 신청 및 각종 증명서를 발급받을 수 있다.

🏠 Q-net 한국어교육능력검정시험 누리집 (http://www.q-net.or.kr/site/koreanedu)

- 한국어 교육능력검정시험에 관한 안내 및 시험 일정을 확인할 수 있다.
- 한국어 교육능력검정시험 기출 문제를 확인할 수 있다.

〈참고 교재〉

- 『세종한국어 1(증보판)』, 국립국어원, 2019
- 『세종한국어 2(증보판)』, 국립국어원, 2019
- 『세종한국어 3(증보판)』, 국립국어원, 2019
- 『세종한국어 4(증보판)』, 국립국어원, 2019
- 『세종한국어 1 교원용 지침서』, 국립국어원, 2013
- 『세종한국어 2 교원용 지침서』, 국립국어원, 2013